세상의 비밀을 밝히는
365일
탐구 생활

ERFORSCHE DEINE WELT
by Anke M. Leitzgen & Lisa Rienermann
© 2011 Beltz Verlag in der Verlagsgruppe Beltz, Weinheim und Basel
Korean Translation Copyright © 2013 by DARIM Publishing Co.
All rights reserved.
The Korean language edition published by arrangement with
Julius Beltz GmbH&Co. KG through MOMO Agency, Seoul.

이 책의 한국어판 저작권은 모모 에이전시를 통해
Julius Beltz GmbH&Co. KG와 독점 계약한 도서출판 다림에 있습니다.
저작권법에 의해 한국 내에서 보호를 받는 저작물이므로 어떠한 형태로든 무단전재와 무단복제를 금합니다.

• 한 해 동안 탐구할 여러 가지 주제와 탐구법 •

세상의 비밀을 밝히는
365일
탐구 생활

리자 리너만 글 | 앙케 M. 라이츠겐 꾸밈 | 유영미 옮김 | 김정식 감수

다림

차례

1장
어떤 비밀이 숨겨져 있을까요?
한 달에 2가지씩 24가지의 탐구해 볼 만한 흥미로운 주제

1월
- 털모자를 쓰면 왜 따뜻할까요? _13
- 왜 겨울에는 햇살이 비쳐도 추울까요? _17

2월
- 별은 낮에 무엇을 할까요? _21
- 어떻게 하면 작은 것으로 큰 것을 만들 수 있을까요? _25

3월
- 나뭇잎은 겨울 동안 어디에 숨어 있을까요? _29
- 멸종된 동물의 생김새를 어떻게 알까요? _33

4월
- 철새들은 왜 다시 돌아오나요? _37
- 무지개는 어떻게 생겨날까요? _41

5월
- 그림자는 왜 생기는 걸까요? _45
- 하늘은 왜 파랄까요? _49

6월
- 식물은 왜 초록색일까요? _53
- 식물은 잎을 배열하는 방법을 어떻게 알까요? _57

- 곰팡이는 어떻게 생겨날까요? _61
- 꽃은 어떻게 물을 마실까요? _65

- 검은색 자동차 안이 흰색 자동차 안보다 더 뜨거운 이유는 무엇일까요? _69
- 오래 간직할 수 없는 물건을 오래 간직하는 방법이 있을까요? _73

- 버섯은 어떻게 수를 늘릴까요? _77
- 소리를 볼 수 있다고요? _81

- 나뭇잎은 어떻게 색을 바꿀까요? _85
- 흙은 어떻게 생겨날까요? _89

- 밀가루로 종이를 붙일 수 있을까요? _93
- 달은 왜 자꾸 모습을 바꿀까요? _97

- 왜 어떤 얼음은 투명하고 어떤 얼음은 불투명할까요? _101
- 눈에서 어떤 자국들을 찾을 수 있을까요? _105

왜 그럴까요?

짧은 시간 동안 세계를 더 잘 이해할 수 있는 24가지 탐구 질문

- 물은 왜 서로 달라붙을까요? _110
- 비누는 왜 필요할까요? _112
- 건전지는 어떻게 작동할까요? _113
- 무엇이 전기를 띠게 할까요? _115
- 무엇이 종이를 강하게 만들까요? _117
- 식물의 씨에서 어떤 것들을 떠올릴 수 있을까요? _119
- 촛불이 타오르려면 무엇이 필요할까요? _121
- 불꽃에도 그림자가 생기는 이유는 무엇일까요? _122
- 우리의 눈이 2개인 이유는 무엇일까요? _123
- 어떻게 더 많은 것을 볼 수 있을까요? _125
- 옛날에 벌어진 일들을 어떻게 알 수 있을까요? _126
- 아주 느린 변화들은 어떻게 관찰할 수 있을까요? _127

- 별을 이용해서 방향을 찾을 수 있을까요? _128
- 별을 내려다본다고요? _129
- 초파리는 어떻게 기를까요? _130
- 곤충을 어떻게 구별하나요? _131
- 양동이를 뒤집으면 물은 어떻게 될까요? _133
- 젖은 빨래를 빨리 말리는 방법을 아나요? _134
- 나무들이 물을 마시는 소리가 들린다고요? _135
- 겨울에도 자작나무를 알아볼 수 있을까요? _137
- 기름과 물은 왜 서로 친하지 않을까요? _138
- 어떤 것들이 물에 둥둥 뜰까요? _139
- 물속에 있는 것은 왜 더 커 보일까요? _141
- 자 없이 물건의 길이를 정확하게 잴 수 있나요? _142

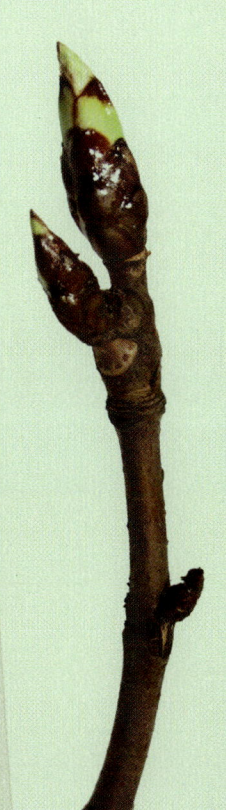

3장
무엇을 탐구할 수 있을까요? _145
재미있고 엉뚱한 탐구 아이디어

4장
어떻게 탐구할 수 있을까요? _151
세상을 이해하기 위한 영리한 탐구 방법

왜 그럴까요? 그것이 궁금해요!

탐구는 정말 멋진 일이에요! 어떻게 그런 일이 일어나는지 알 수 있거든요. 해, 달, 별처럼 어마어마하게 커다란 것에서부터 젖은 머리를 말릴 때 튕겨 나가는 물방울처럼 아주 아주 작은 것에 이르기까지 세상 모든 것이 탐구의 대상이 될 수 있답니다.

세상은 놀라운 일로 가득 차 있어요. "낮에는 왜 별이 보이지 않을까?", "어떻게 빵에 곰팡이가 피었지?", "물이 들어 있는 유리컵 속의 빨대는 왜 더 커 보일까?" 등등. 아마 여러분도 살면서 궁금하고 이상하게 여겨지는 일들이 많았을 거예요. 이 책을 읽으며 왜 그런 일들이 일어나는지 함께 탐구해 보고 그 뒤에 숨겨진 비밀도 알아내 보세요.

1장에는 매달 2개씩 탐구해 볼 질문이 있어요. 질문을 보면 우리가 앞으로 무엇을 탐구할지 알 수 있을 거예요. 현재에 해당하는 달을 찾아보세요. 계절에 어울리는 탐구를 할 수 있거든요.

2장에는 탐구할 시간이 부족한 여러분을 위해서 짧은 시간 안에 탐구할 수 있는 생활 속 탐구 아이디어를 소개했어요. 아주 **빠르게** 해결할 수 있는 탐구 질문들이에요.

3장에는 탐구해 볼 만한 거리들이 소개되어 있어요. 물론 어떤 일을 해결할 때 탐구 방법이나 아이디어를 생각해 내는 것이 참 중요하지요. 하지만 무엇보다 중요한 것은 바로 우리 자신이에요. 아무리 뛰어난 생각이 떠올랐어도 제대로 쓰지 못하면 아무 소용 없으니까요. 세상은 여러분처럼 올바른 탐구 방법을 아는 영리한 사람들을 필요로 한답니다.

참, 부모님도 이 책에서 소개한 탐구 주제들을 재미있다고 생각하실지 몰라요. 그러면 부모님도 탐구에 좀 끼워 주세요! 혼자보다는 여럿이 함께하는 게 더 재미있거든요. 더 많은 것을 알아낼 수도 있고 기발한 생각이 나올 수도 있고요. 탐구할 때는 뒤집어 생각해 보는 것이 중요해요.

4장에는 갖가지 탐구 방법과 기술이 소개되어 있어요. "정말 이상하네. 왜 그렇지?" 하고 고개가 갸웃거려질 때마다 책에서 배운 방법을 이용해 탐구해 보거나 도움을 얻어 보세요.

1장

어떤 비밀이 숨겨져 있을까?

이제부터 세상 곳곳에 숨겨진 비밀을 하나하나 찾아볼 거예요.
지금부터 우리를 비밀의 세계로 데려다 줄 질문들을 만나 보세요.

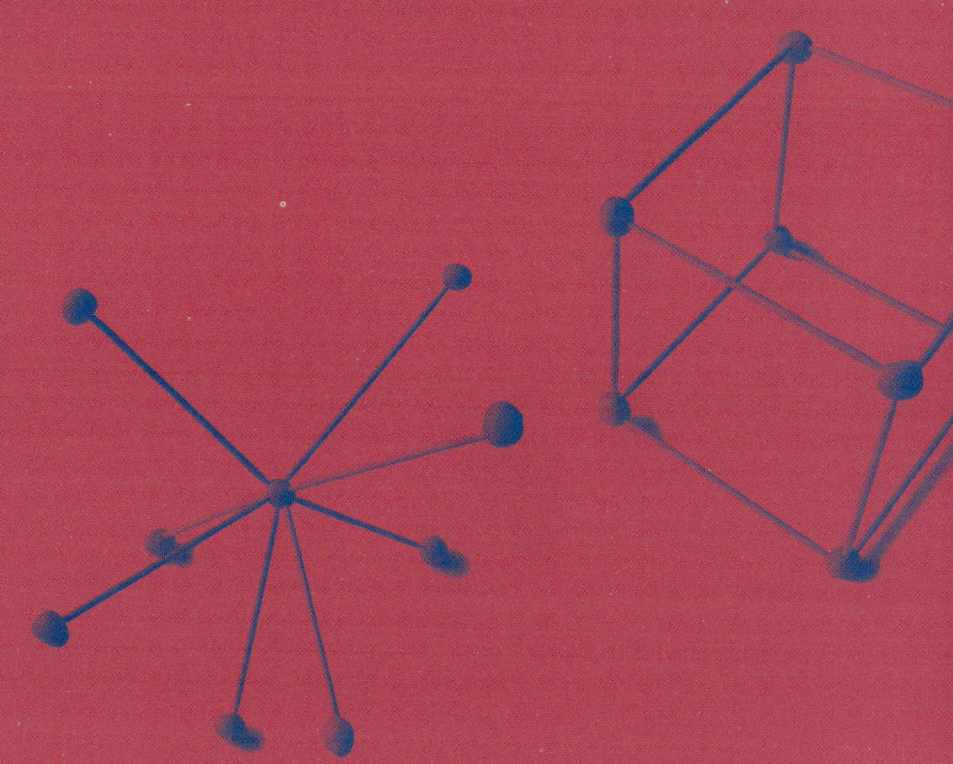

1월 털모자를 쓰면 왜 따뜻할까요?

추운 겨울이면 엄마는 늘 "따뜻하게 입어라!" 하고 말씀하시죠. 엄마가 권해 주신 대로 털옷을 입으면 신기할 만큼 몸이 따뜻해져요. 그런데 털옷을 입거나 털모자를 쓰면 왜 따뜻할까요?

준비물
-- 온도계
-- 종이와 연필
-- 두툼한 스웨터
-- 털모자
-- 깡통
-- 꽃병
-- 유리그릇
-- 냄비

깡통 유리그릇 냄비 털모자

우리 몸을 따뜻하게 해 주는 것은 무엇일까요?

추운 겨울날, 밖에서 놀려면 옷을 잘 챙겨 입어야 해요. 외투, 털신, 털장갑, 털모자 같은 것들이 필요하지요. 그런데 이런 것들을 몸에 걸치면 왜 몸이 따뜻해지는지 생각해 본 적 있나요? 없다고요? 자, 그럼 지금 한번 생각해 보고 잠시 뒤에 여러분의 생각이 맞는지 확인해 보세요.

탐구 시작!

집 안 물건 가운데 따뜻하게 느껴지는 물건에는 어떤 것들이 있을까요? 또 차갑게 느껴지는 물건은요? 따뜻하게 느껴지는 물건과 차갑게 느껴지는 물건을 각각 3가지씩 골라 방바닥이나 책상 위에 늘어놓으세요. 그다음 물건의 이름을 차근차근 적어 보세요. 이름 대신 모양을 간단하게 그려도 좋아요. 자, 이제 온도계를 이용해서 물건의 온도를 측정할 거예요. 온도를 정확히 측정하려면, 온도계를 물건 위에 가만히 놓고 몇 분 동안 기다려야 해요. 측정이 되었으면 물건의 이름 옆에 온도를 기록해 놓아요. 그리고 각각의 온도를 비교해 보세요.

털모자에는 어떤 비밀이 숨어 있을까요?

어때요? 결과를 확인해 보았나요? 앞의 실험 결과처럼 우리가 평소에 사용하는 물건의 온도는 우리 주변의 공기 온도와 같아요. 그런데 왜 털모자를 쓰면 따뜻한 걸까요?

열은 따뜻한 쪽에서 차가운 쪽으로 이동하는 성질이 있어요. 그래서 추운 겨울이 되면 우리 몸에서 따뜻한 기운이 자꾸 빠져나가려고 해요. 그래서 털모자를 쓰는 거예요. 털모자가 따뜻한 기운이 빠져나가지 않게 가둬 주거든요. 털모자를 쓴 채 그 안의 온도를 측정해 보면 무슨 말인지 확실히 알 수 있을 거예요.

털모자가 플라스틱이나 쇠보다 더 따뜻하게 느껴지는 이유는 무엇일까요?

어떤 물건이 따뜻하게 느껴지거나 차갑게 느껴지는 이유는 열의 이동과 관계가 깊어요. 차갑게 느껴지는 물건은 열이 쉽게 이동하는 물질로 이루어져 있어요. 그래서 우리가 손으로 그 물건을 잡으면, 우리 손의 열이 물건 쪽으로 재빨리 빠져나가요. 그럼 우리는 그 물건이 차갑게 느껴지는 것이지요. 반대로 따뜻하게 느껴지는 물건은 열이 천천히 빠져나가거나 잘 빠져나가지 않는 물질로 이루어져 있어요.

그런데 손에서 열이 빠져나간다니 믿기 어렵다고요? 자, 그럼 손바닥을 마주 대 보세요. 그다음 아주 조금만 떨어뜨려요. 손바닥 사이에 쌀알이 들어갈 정도로만요. 어때요? 따뜻해지는 것을 느낄 수 있지요? 손에서 빠져나간 열이 손바닥 사이에 머무르며 양쪽 손바닥을 따뜻하게 만드는 거랍니다.

1월 왜 겨울에는
햇살이 비쳐도 추울까요?

여름이나 겨울이나 하늘에는 똑같이 해가 떠 있어요. 그런데 겨울 햇살은 왜 눈과 얼음을 잘 녹이지 못할까요?

적당한 날
-- 해가 쨍쨍한 겨울날

준비물
-- 벽
-- 빵 만들 때 쓰는 쇠로 된 팬 2개

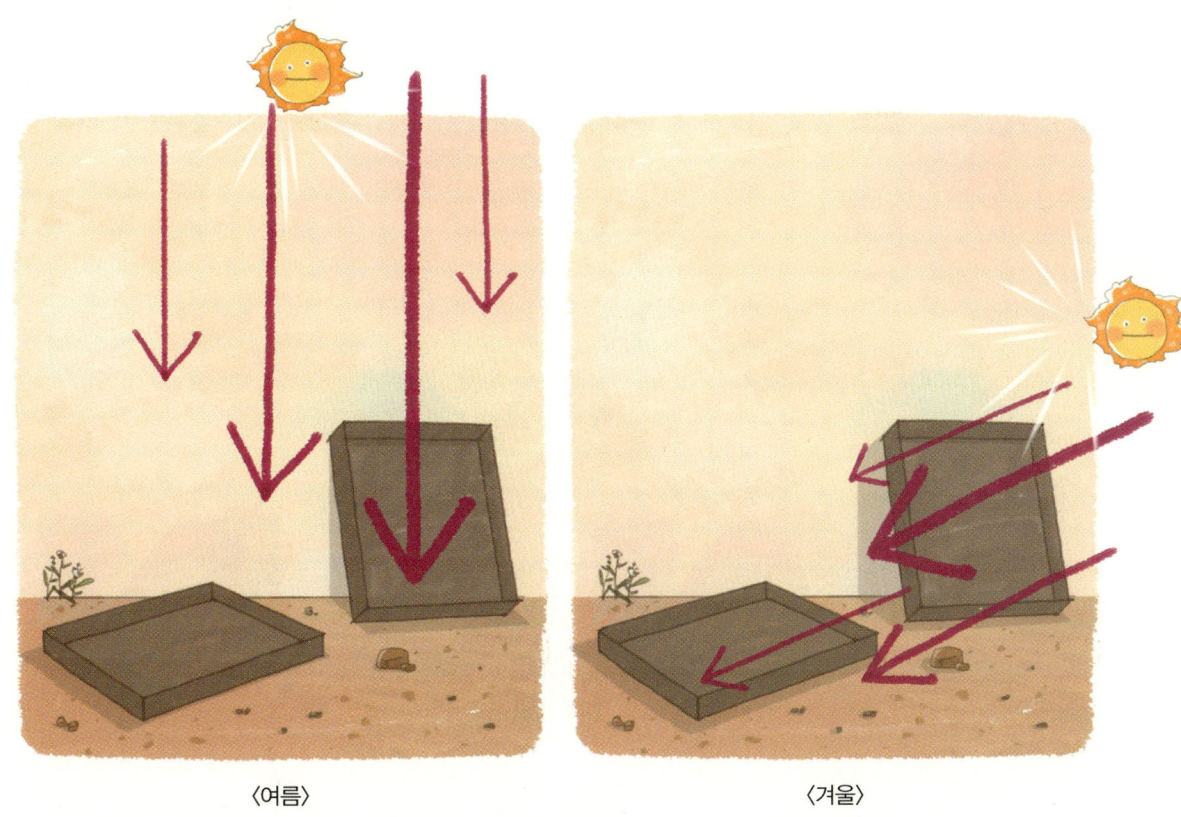

〈여름〉 〈겨울〉

여름과 겨울은 무엇이 다를까요?

여름에는 해가 하늘 높이 떠 있어요. 그래서 햇빛이 위에서 아래로 똑바로 내리쬐지요. 겨울에는 해가 낮게 떠 있어요. 그래서 햇빛이 비스듬히 땅을 비추지요. 비스듬히 비추는 햇빛은 위에서 아래로 똑바로 내리쬐는 햇빛보다 힘이 약해요. 그래서 땅이 덜 따뜻해지지요. 그러니까 땅이 따뜻한지 덜 따뜻한지는 해가 어느 위치에 떠 있느냐에 달려 있어요. 빵 만들 때 쓰는 팬 2개로 그 사실을 확인할 수 있지요.

왜 여름과 겨울의 해가 뜨는 위치가 달라질까요?

지구는 태양 주위를 도는 행성이에요. 행성이란 스스로 빛을 내지 못하고 중심 별의 빛을 받아 반사하는 우주의 천체를 말하지요. 지구는 중심 별인 태양 주변을 도는 공전을 하면서 스스로 도는 자전을 같이해요. 그런데 이때 그냥 똑바로 도는 것이 아니라 23.5도 기울어진 채로 돌고 있어요. 그래서 북반구에 있는 우리나라는 태양이 북반구를 똑바로 내리쬘 때 여름이 되고 비스듬히 비출 때 겨울이 되는 거예요. 지구의 자전축이 기울어지지 않았다면 우리에게 봄, 여름, 가을, 겨울 같은 사계절이 없었을지도 몰라요.

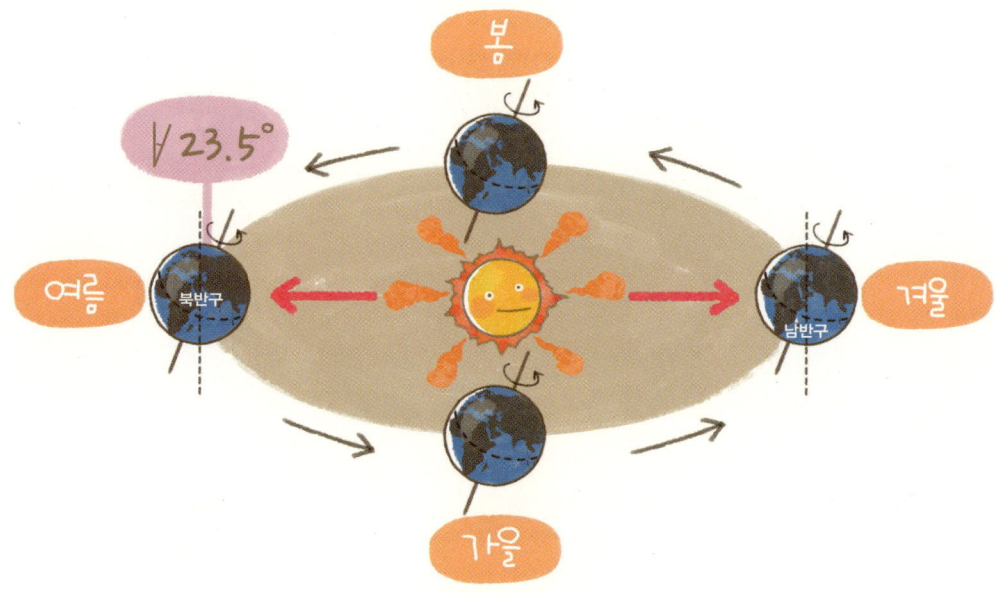

탐구 시작!

빵 만들 때 쓰는 팬 하나는 바닥에 눕혀 놓고 다른 하나는 비스듬히 벽에 기대어 놓아요. 이때 적절한 기울기가 무척 중요해요. 되도록이면 햇빛이 팬에 똑바로 떨어지도록 해야 해요. 이것을 흔히 직각이라고 하는데, 직각은 문의 귀퉁이에서 볼 수 있는 'ㄴ자' 모양의 각도를 말해요. 자, 이제 30분 동안 기다렸다가 손바닥을 각각의 팬에 대어 보세요. 차이가 느껴지나요? 햇빛이 직각으로 떨어진 팬이 햇빛이 비스듬히 떨어진 팬보다 더 따뜻하지요? 겨울의 땅은 바닥에 눕혀 놓은 팬과 비슷해요. 태양이 비스듬히 비추니까 팬이 덜 따뜻하듯이 땅도 덜 따뜻한 거예요.

햇빛을 이용해 실험을 하기 어려운 상황이라면 햇빛 대신 백열전구를 사용하세요. 형광등은 안 돼요. 형광등에서는 열이 별로 나지 않아서 눈에 띄는 차이를 관찰하기 어렵거든요.

2월 별은 낮에 무엇을 할까요?

하늘의 별은 낮에도 떠 있을까요? 그렇다면 왜 안 보이는 걸까요? 별은 언제 보이고 언제 안 보일까요?

준비물
-- 색 도화지 또는 색종이
-- 받침대와 송곳(종이에 쉽게 구멍을 뚫을 수 있는 펀치도 좋아요.)
-- 종이봉투
-- 손전등
-- 가위

① 도화지에 구멍을 뚫어요.

② 종이봉투 안에 도화지를 넣어요.

③ 방에서 관찰해요.

▲ 〈어두운 방에서의 탐구〉

▲ 〈밝은 방에서의 탐구〉

탐구 시작!

색 도화지를 종이봉투에 들어갈 만한 크기로 오려요. 그런 다음 송곳이나 펀치로 구멍을 여러 개 뚫어서 종이봉투 안에 넣어요. 이제 밝은 방에서 손전등으로 종이봉투의 뒤쪽을 비추어 보세요. 그러면 봉투의 앞면이 어떻게 보일까요? 결과를 확인했다면 이제 불을 끄고 어두운 방에서 해 보세요. 이번에는 어떻게 보이나요?

이 실험이 별과 무슨 관계가 있나요?

밝은 방에서는 잘 보이지 않던 불빛이 어두운 방에서는 잘 보이지요? 낮에는 햇빛이 별빛보다 훨씬 밝아요. 그래서 별이 보이지 않는답니다. 대낮에 손전등을 켜면 그다지 밝게 느껴지지 않는 것처럼 말이지요. 해가 지고 없는 밤이면 별이 잘 보이지요? 하지만 네온 간판이나 조명이 밝게 비치는 도시에서는 별이 잘 보이지 않아요. 달빛이 환한 밤에도요. 조명에서 나오는 빛이나 달빛이 별빛보다 밝기 때문이에요.

햇빛이 없다면 낮에도 별을 볼 수 있을까요?

물론이에요. 햇빛이 없다면 낮에도 얼마든지 별을 볼 수 있어요. 우리가 보지 못할 뿐이지 별은 언제나 하늘에 떠 있으니까요. 그래서 태양이 달의 그림자에 완전히 가려져 보이지 않는 개기 일식이 일어날 때는 별을 볼 수 있는 거예요.

탐구자 지식 : 별에 관한 실험인데 왜 종이봉투로 실험하나요?

태양이나 달, 별 등에 대한 궁금증은 직접 실험해서 해결하기 어려운 것들이 많아요. 엄청나게 크고 굉장히 멀리 떨어져 있으니까요. 그래서 때로는 커다란 실험 대상을 본뜬 조그만 모형을 만들어 실험하는 거예요. 보다 쉽고 재미있게 실험할 수 있지요.

2월 어떻게 하면 작은 것으로 큰 것을 만들 수 있을까요?

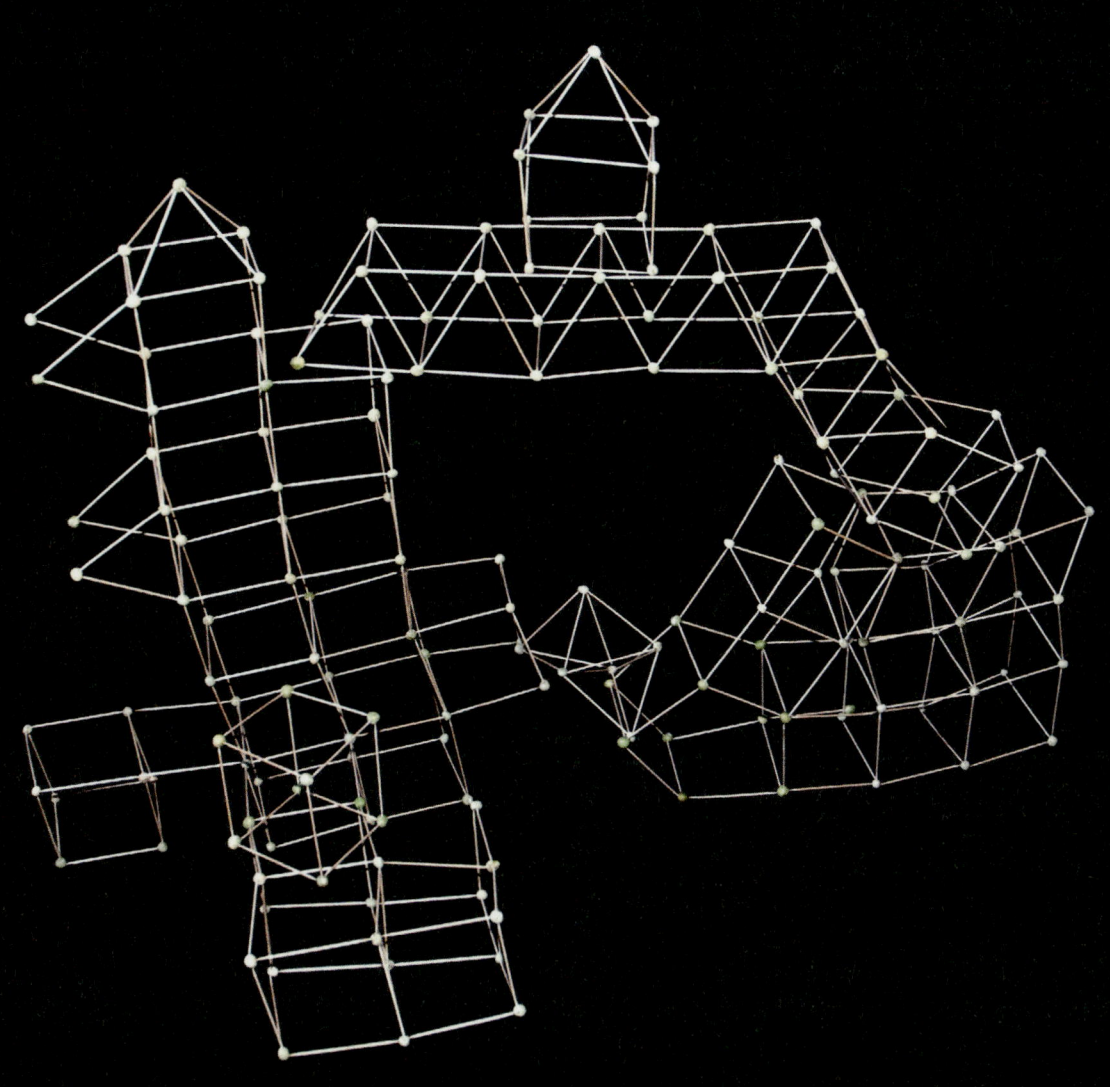

작은 것을 이용해 크고 흥미로운 물건을 만들 수 있어요. 콩과 이쑤시개를 가지고 만들어 볼까요?

준비물
-- 완두콩 여러 알
-- 물
-- 이쑤시개 여러 개

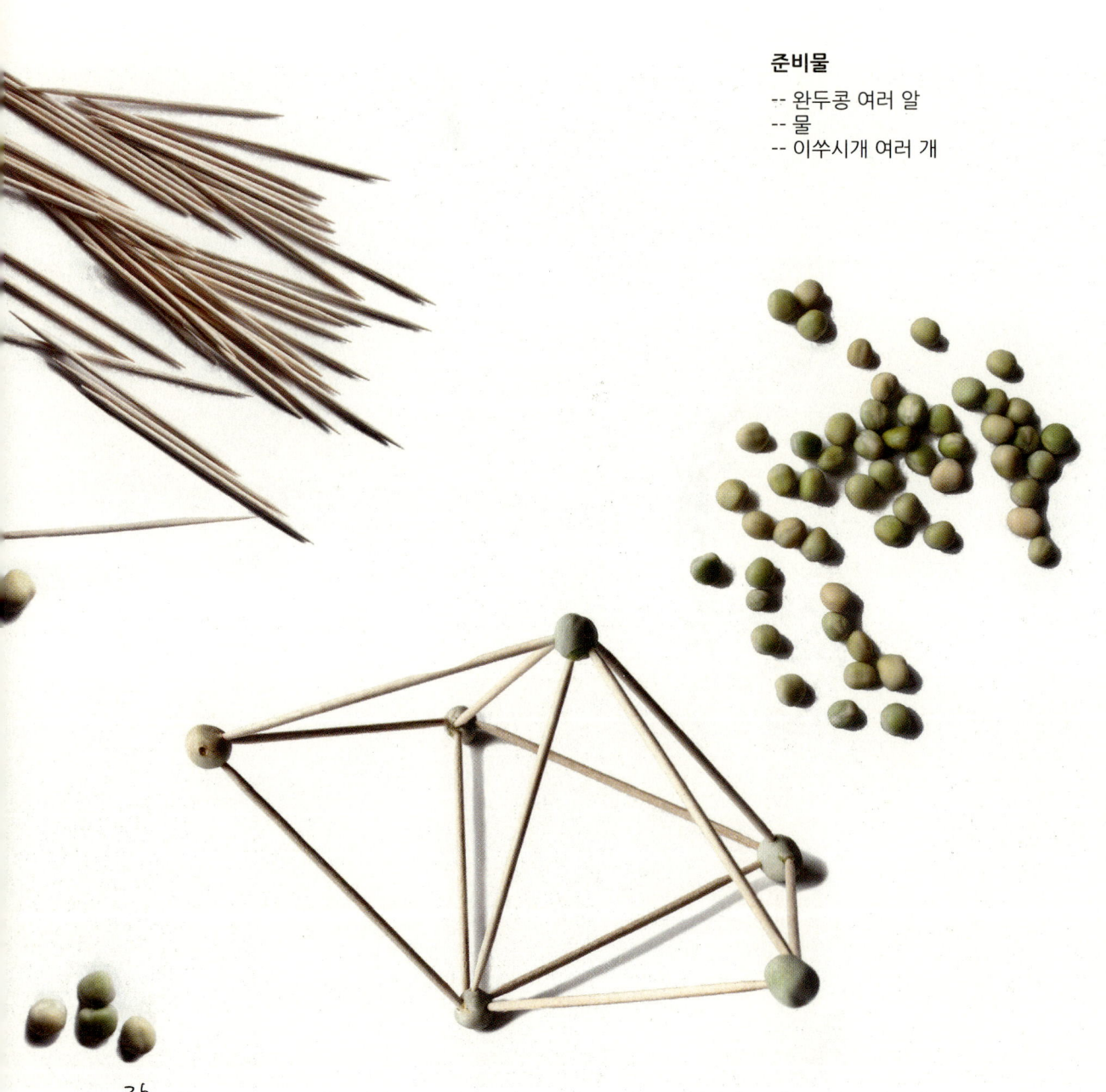

탐구 시작!

실험하기 전날 밤, 완두콩을 물에 담가 놓아요. 12시간 정도 불리면 이쑤시개를 꽂을 수 있을 만큼 콩이 부드러워질 거예요. 완두콩을 다 불렸으면 이쑤시개를 꽂아 연결시키면서 집, 별, 탑, 다리 같은 여러 물건을 만들어 보세요.

어떤 모양이 더 튼튼할까요?

완두콩에 이쑤시개를 잘 꽂았는 데도 어떤 것은 흔들흔들하고, 또 어떤 것은 아주 튼튼해요. 어떤 모양이 튼튼한지 잘 살펴보세요. 네모 모양? 세모 모양? 네모와 세모를 합친 모양? 크고 높게 만들려면 아랫쪽 부분을 신경 써서 튼튼하게 만들어야 해요. 그래야 흔들리지 않거든요. 완두콩과 이쑤시개를 이용해 여러 모양을 만들어 보면 많은 것을 배울 수 있어요. 작은 것을 합쳐서 큰 것을 만들려면 머리를 써서 잘 궁리해야 하거든요.

여러분이 만든 가장 근사한 모양을 진짜 건물이나 다리와 비교해 보세요.

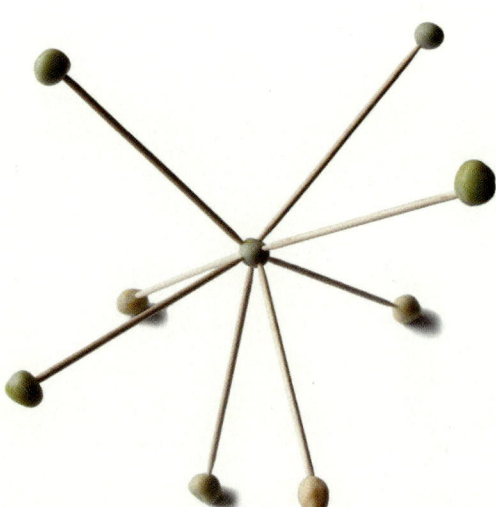

건축가들도 튼튼한 건물을 만들기 위해 여러분처럼 작은 모형을 가지고 비슷하게 실험했을 거예요.

참, 완두콩 대신 동그란 모양의 뻥튀기를 이용하면 조금 더 쉽게 만들 수 있어요. 하지만 완두콩이나 뻥튀기 모두 이쑤시개를 계속해서 꽂으면 부서질 수 있으니 유의하세요.

3월 나뭇잎은 겨울 동안 어디에 숨어 있을까요?

창밖의 나무들을 보세요. 연둣빛 싹을 틔우고 있어요. 봄에 나오는 새싹들은 가을부터 나무 속에 숨어 지낸 거예요. 그동안 어떻게 숨어 지냈는지 살펴볼까요?

준비물
-- 밤나무나 너도밤나무의 눈

현재　　　2일　　　4일　　　5일

나무는 어떻게 하룻밤 만에 나뭇잎을 내밀 수 있을까요?

봄이 와서 날씨가 따뜻해지면, 나무가 자라고 꽃이 피기 시작해요. 하루 사이에 나뭇잎이 쏙 나오기도 하지요. 정말 놀랍지 않나요? 나뭇잎은 그동안 어디에 숨어 있었을까요? 몇몇 나뭇가지를 관찰하면 금세 그 비밀을 풀 수 있어요. 많은 나무들이 가을에 벌써 겨울눈(이듬해 봄에 나올 싹)을 마련한답니다. 겨울눈을 찾아내려면 꽤 꼼꼼하게 나무를 살펴봐야 해요. 겨울눈은 나뭇가지처럼 갈색을 띠기 때문에 눈에 잘 안 띄거든요.

탐구 시작!

겨울눈 속에는 봄을 아름답게 물들일 것이 들어 있어요. 어떤 겨울눈에는 작은 꽃이, 또 어떤 겨울눈에는 작은 잎이 들어 있지요. 그럼 밤나무의 겨울눈을 한번 살펴볼까요? 밤나무는 겨울눈이 꽤 크기 때문에 관찰하기가 좋거든요. 밤나무에서 겨울눈을 몇 개 따서 눈 비늘을 한 꺼풀씩 벗겨 내요. 눈 비늘은 겨울눈을 보호하는 역할을 하는데 꼭 물고기 비늘처럼 생겼지요.

6일　　　　　9일　　　　　11일

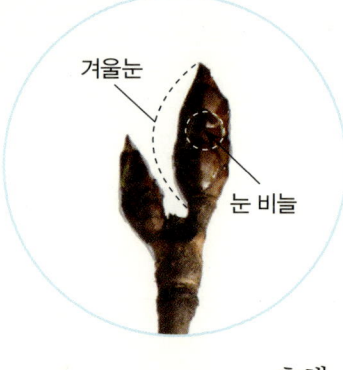

비늘을 벗겨 관찰해 보면 이 겨울눈 속에 이미 모든 것이 들어 있다는 사실을 알 수 있어요. 겹겹이 싸인 작은 비늘들은 싹이 되고 잎이 되면서 점점 커질 거예요. 겨울눈 속의 꽃잎은 똘똘 뭉쳐 있고, 아주 부드러우며 거의 투명하게 보여요. 겨울눈을 만지고 나면 손이 끈적끈적할 거예요. 겨울눈을 둘러싼 나뭇진 때문이에요. 나뭇진은 겨울눈을 따뜻하게 보호해 주고 비나 눈에 젖는 것을 막아 주지요. 겨울 외투인 동시에 우산인 셈이에요.

 이처럼 겨울눈을 둘러싼 나뭇진과 눈비늘에 둘러싸인 아주 작은 나뭇잎들은 이미 완성된 모습으로 나올 준비를 마쳤기 때문에 눈 깜짝할 사이에 잎을 내밀 수 있는 것이랍니다.

3월 멸종된 동물의 생김새를 어떻게 알까요?

수백만 년 전, 지구에는 어떤 생물이 살았을까요?
오래전 지구의 모습을 어떻게 알 수 있을까요?

준비물
-- 소라나 조개껍데기
-- 젖은 모래나 진흙
-- 찰흙
-- 신발 상자 뚜껑

① 소라 껍데기를 진흙 위에 올려놓고 꽉 눌러요.

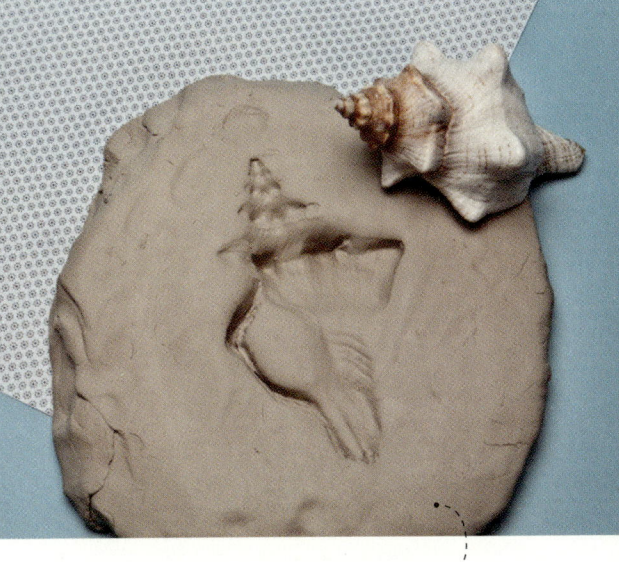
② 소라 껍데기를 조심스럽게 떼어 내요.

아주 오래전에 있었던 일을 어떻게 알 수 있을까요?

아주 오래된 과거의 흔적을 탐구하는 학자들이 있어요. 이런 사람들을 고고학자라고 하지요. 고고학자들은 땅속에 숨겨진 옛것들을 찾아다녀요. 오래전에 사라진 동물이나 식물의 흔적, 옛날 집이나 벽, 연장, 무기, 장신구 등을 추적하지요. 우리도 고고학자들처럼 옛것들을 찾아내어 당시의 생활을 짐작해 볼 수 있을까요?

탐구 시작!

신발 상자 뚜껑에 젖은 모래나 진흙을 채워요. 울퉁불퉁한 부분이 없도록 윗면을 평평하게 다진 다음에 소라나 조개껍데기를 올려놓고 꽉 눌러요. 그러고는 자국이 망가지지 않도록 껍데기를 조심조심 떼어 내세요.

　자, 이제 자국만 보고 추측해 보는 거예요. 어떤 사실을 알 수 있나요? 또 자국이 알려 주지 않는 것은 무엇인가요? 고고학자들도 바로 우리가 했던 방법과 똑같은 방법으로 과거의 흔적을 찾아요. 일단 화석을 찾아낸 다음 수수께끼를 풀기 시작하거든요. 껍데기 자국을 친구에게 보여 주고 여러 가지 사실에 대해 추측해 보라고 하세요.

탐구자 지식 : 화석이란 무엇일까요?

화석은 동식물의 몸이나 활동 흔적이 흙 같은 것에 묻힌 채로 굳어 발견되는 것을 말해요. 주로 바다나 강바닥에서 많이 발견되는데 그 이유는 형태를 잘 보존할 수 있는 고운 진흙이 많고, 진흙이 물살에 의해 자주 일어났다가 빨리 덮여서 손상되거나 썩을 틈이 없기 때문이에요. 죽은 생물이 부드러운 진흙 속에 묻힌 뒤 세월이 흘러 바다나 강이 말라붙으면서 돌처럼 굳으면 화석이 되는 거랍니다.

4월 철새들은 왜 다시 돌아오나요?

봄이 오면 개개비, 뻐꾸기, 검은댕기해오라기, 귀제비, 쇠찌르레기, 꼬마물떼새, 쇠백로, 황로, 흰배지빠귀 등 수많은 종류의 새들이 우리나라를 찾아요. 그런데 힘들게 남쪽으로 갔던 새들은 그곳에서 살지 않고 왜 봄마다 다시 돌아오는 걸까요?

준비물
-- 크게 뜬 두 눈

검은댕기해오라기

흰배지빠귀

꼬마물떼새

뻐꾸기

남쪽에 갔던 제비가 돌아온다고요?

일 년에 2번, 하늘에서 커다란 새의 무리가 이동하는 모습을 볼 수 있어요. 먹이를 찾기 위해 물가 근처를 잠깐 나는 게 아니라 아주 높이 떠서 길고 긴 여행을 하는 모습 말이에요. 주로 봄과 가을에 나타나는데 이것은 여름과 겨울을 대비하기 위해 미리 움직이는 거지요. 이렇게 계절이 바뀔 때마다 이동하는 새들을 철새라고 해요. 철새에는 여름 철새와 겨울 철새가 있어요. 제비처럼 봄에 돌아오는 여름 철새에 대해 알아볼까요?

봄이 되면 우리나라에 오는 여름 철새들은 이곳에서 여름을 나고 가을이 되면 동남아시아로 건너가 겨울을 나요. 동남아시아는 겨울에도 따뜻해서 먹이가 풍부하거든요. 그런데 왜 여름이면 힘들게 다시 우리나라로 돌아오는 걸까요?

그건 여름이 되면 우리나라의 낮이 길어지기 때문이에요. 동남아시아처럼 적도(지구의 자전축에 직각으로 교차하는 선) 근처의 지역은 낮과 밤의 길이가 거의 같아요. 그래서 겨울이든 여름이든 6시쯤 되면 날이 어두워지지요. 우리나라의 경우 여름에는 낮이 길어지므로 오랫동안 이곳저곳 다니며 먹이를 찾기에 좋아요.

개개비

반대로 겨울 철새들은 시원한 러시아 지역에서 여름을 나고 그곳에 겨울이 오면 비교적 따뜻한 우리나라에 와서 겨울을 난답니다.

탐구 시작!

새를 쉽게 관찰할 수 있는 장소를 찾아보세요. 어떤 종류의 새를 볼 수 있나요? 특히 눈에 자주 띄는 새는 어떤 새인가요? 그 새를 자세히 관찰해 보세요. 깃털은 어떤 색깔인가요? 부리는 어떤 모양인가요? 잘 기억해 두었다가 인터넷이나 백과사전을 통해 어떤 새인지 알아보세요.

4월 무지개는 어떻게 생겨날까요?

빨강, 주황, 노랑, 초록, 파랑, 남, 보라. 무지개는 정말 아름다워요. 그런데 무지개의 알록달록한 색깔은 어떻게 생겨났을까요?

적당한 날
-- 해가 쨍쨍한 날

준비물
-- 물을 담은 오목한 접시
-- 작은 손거울
-- 하얀 벽
-- 햇빛

탐구 시작!

물을 담은 오목한 접시를 집 밖으로 들고 나가 햇빛 아래에 내려놓아요. 그러고는 접시의 가장자리에 손거울을 비스듬히 기대어 놓아요. 손거울이 햇빛을 받으면서 하얀 벽을 향하도록 접시 방향을 조정해 주세요. 그러면 곧 벽에 무지개가 나타날 거예요. 무지개가 나타나지 않으면 참을성을 발휘해서 조금씩 접시와 손거울을 움직이거나 기울여 보세요. 어때요? 무지개를 찾아냈나요?

무지개는 왜 보기가 힘들까요?

무지개는 여러 조건이 맞아떨어져야 볼 수 있어요. 우선 비가 오면서 햇빛이 비쳐야 하고, 해가 너무 높이 떠 있으면 안 돼요. 그래서 아침이나 늦은 오후에 무지개를 볼 가능성이 높답니다. 비가 내리면서 햇빛이 비치는 오후인 데도 무지개를 볼 수 없다면, 그림자를 살펴보세요. 그림자가 생긴 쪽의 하늘에 무지개가 떠 있을 가능성이 높아요.

무지개는 어째서 알록달록할까요?

햇빛은 원래 빨강, 주황, 노랑, 초록, 파랑, 남, 보라색 빛이 합쳐진 것이랍니다. 햇빛은 빗방울을 만나면 여러 색으로 나뉘어요. 그릇이 바닥에 떨어져 산산조각

나듯 햇빛이 빗방울에 부딪히면서 여러 가지 아름다운 색깔로 나뉘는 것이지요.

더 손쉽게 무지개를 볼 수도 있어요!

빛이 이렇게 여러 색으로 나뉘는 것을 분산이라고 해요. 우리는 쉽게 빛을 분산시킬 수 있어요. CD의 아래쪽을 햇빛이나 형광등에 비추어 보면 무지개가 생기는 걸 볼 수 있을 거예요. CD 표면이 빛을 분산시키기 때문이지요.

5월
그림자는 왜 생기는 걸까요?

그림자를 한번 살펴보세요. 물체는 작은데 그림자는 매우 크기도 하고 물체는 큰데 그림자는 굉장히 작기도 해요. 어떻게 그럴 수 있을까요?

준비물
-- 친구 한두 명
-- 몇 가지 물건
-- 손전등

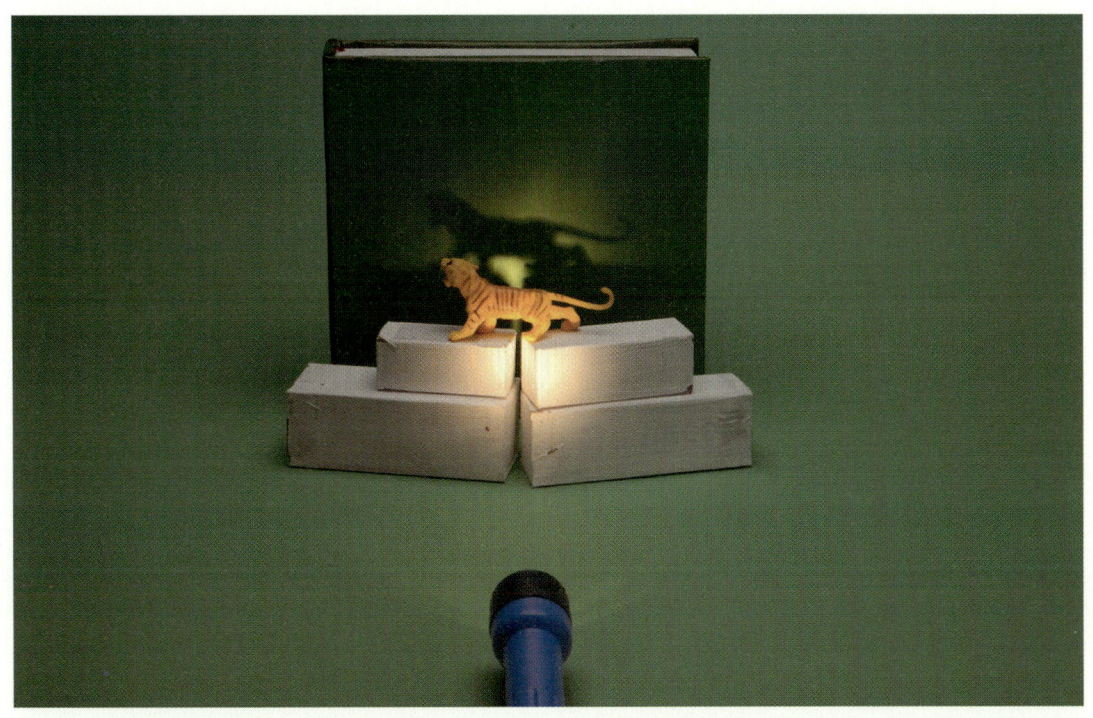

그림자란 무엇일까요?

빛은 이리저리 마구잡이로 퍼져 나간다고 생각하기 쉬워요. 구석구석까지 닿으니까요. 하지만 빛은 늘 한 방향으로 직진한답니다. 직선으로 곧게 움직이는 것을 직진이라 하지요. 그러다가 중간에 어떤 물체가 빛을 가로막으면 빛은 그 물체를 통과하지 못해요. 그 증거가 되는 것이 바로 그림자랍니다. 그러니까 그림자는 빛이 막혀서 더 이상 나아가지 못했다는 표시예요.

탐구 시작!

화창한 날에 친구 한두 명만 있으면 그림자가 어떻게 생기는지 쉽게 실험해 볼 수 있어요. 그림자놀이를 같이하고 싶은 친구를 데려오세요. 그러고는 그림자로 할 수 있는 놀이를 모조리 다 해 보는 거예요. 폴짝폴짝 뛰면서 그림자를 관찰해 보세요. 그림자를 피해 도망갈 수 있나요? 그림자와 술래잡기를 할 수 있나요?

깜깜한 밤이 되면 그림자로 더 많은 놀이를 할 수 있어요. 손전등으로 어떤 물건을 가만히 비추면 그림자가 생겨요. 손전등을 이리저리 움직이면 그림자도 이리저리 움직이지요. 손전등을 물체에 가까이 가져가면 그림자는 점점 커지고 멀리 떨어뜨리면 점점 작아지고요. 이렇게 저렇게 그림자를 가지고 놀아 보세요.

5월 하늘은 왜 파랄까요?

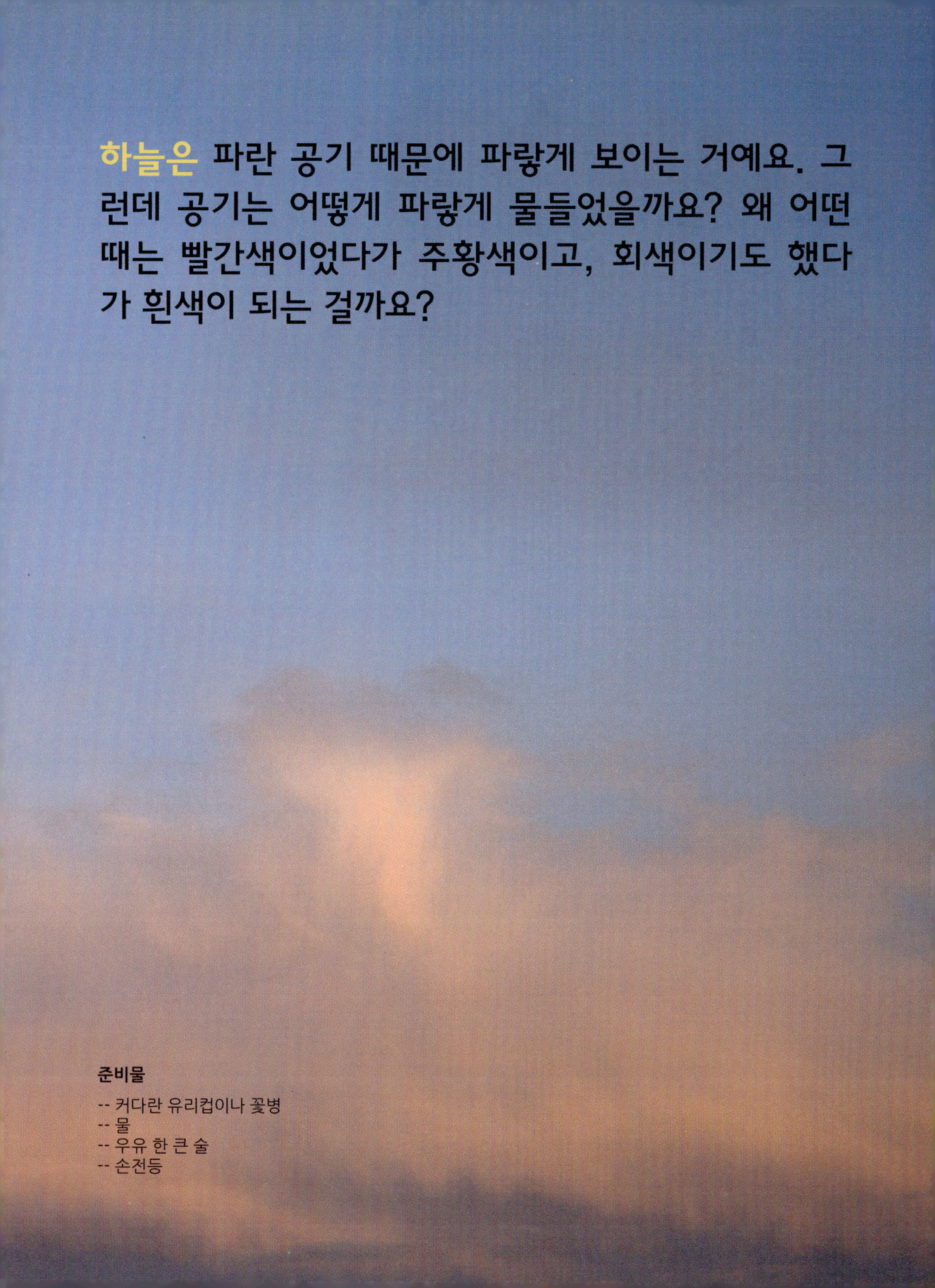

하늘은 파란 공기 때문에 파랗게 보이는 거예요. 그런데 공기는 어떻게 파랗게 물들었을까요? 왜 어떤 때는 빨간색이었다가 주황색이고, 회색이기도 했다가 흰색이 되는 걸까요?

준비물
-- 커다란 유리컵이나 꽃병
-- 물
-- 우유 한 큰 술
-- 손전등

빛은 어떤 색깔일까요?

앞에서 말했듯이 우리가 일반적으로 보는 빛에는 모든 색의 빛이 포함되어 있어요. 이렇게 합쳐진 색 중 어떤 색이 도드라져 보이는지는 빛의 '파장'에 달려 있지요. 무슨 말인지 실험해 보면서 살펴볼까요?

탐구 시작!

컵에 물을 부은 다음 우유 한 큰 술을 넣고 섞어 주세요. 그러고는 뿌옇게 흐려진 유리컵을 손전등으로 비춰 보세요. 옆에서도 비추어 보고, 위에서도 비추어 보고, 컵을 들어 아래에서도 비춰 보세요. 어떤가요? 유리컵 안 액체의 색깔이 변하나요? 파랗거나 불그스름해지는 때가 있나요? 차이를 느낄 수 없다면 물을 약간 더 부어 액체를 엷게 만들어 보세요.

우유를 섞은 물은 왜 어떤 때는 파란색으로, 어떤 때는 붉은색으로 보일까요?

햇빛처럼 손전등의 빛도 여러 가지 색으로 구성되어 있어요. 여러 색이 섞여서 밝게 보이는 것이지요. 빛은 우유 속의 아주 작은 지방 알갱이와 부딪치면서 여러 색으로 흩어져

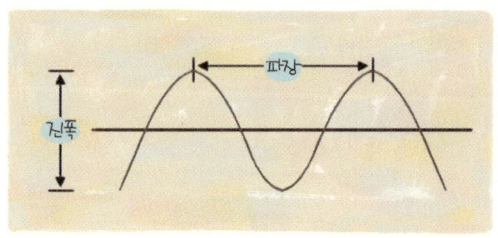

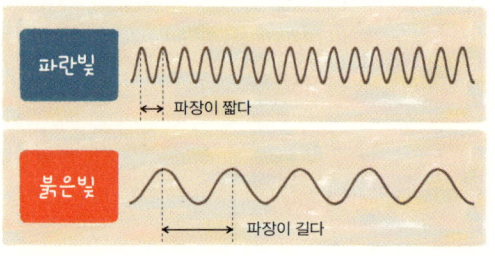

요. 빛은 물결치듯 움직이면서 직진하는데 빛의 색마다 파장이 달라요. 파장은 물결치는 움직임이 같은 주기로 반복되는 최소 길이를 말해요.

빛 중에서 파장이 짧은 파란빛은 파장이 긴 붉은빛보다 잘 흩어져요. 컵의 아래쪽에서 손전등을 비추고 옆쪽에서 관찰해 보세요. 파장이 짧은 파란빛이 이리저리 흩어져 나오기 때문에 푸르스름하게 보일 거예요. 하지만 위쪽에서 관찰해 보면 이미 흩어진 파란빛은 보이지 않고 파장이 길어 잘 흩어지지 않은 붉은빛만이 통과해 나오기 때문에 불그스름하게 보인답니다.

하늘이 파랗게 보이는 이유도 햇빛이 지구를 둘러싸고 있는 공기층을 통과하는 동안 사방으로 흩어진 파란빛이 우리 눈으로 들어오기 때문이에요. 낮에 하늘을 올려다보세요. 어느 쪽을 바라보든지 파란 하늘이 보일 거예요. 그렇다면 햇빛이 대기권을 길게 통과해 오는 저녁 무렵에는 어떻게 보일까요? 파란빛은 다 흩어져 버렸기 때문에 붉은 저녁노을을 볼 수 있을 거예요. 태양도 더 붉게 보일 테고요.

아침

저녁

6월 식물은 왜 초록색일까요?

식물이 자라기 위해서는 물과 흙 외에 무엇이 필요할까요?

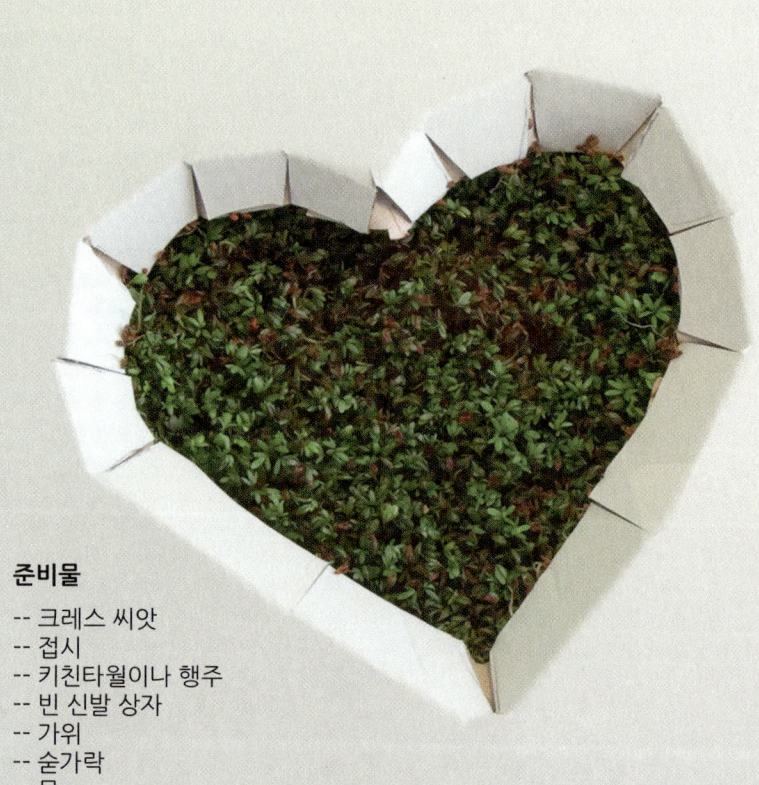

준비물
-- 크레스 씨앗
-- 접시
-- 키친타월이나 행주
-- 빈 신발 상자
-- 가위
-- 숟가락
-- 물
-- 약간의 인내심

② 만들고 싶은 모양을 오린 뒤
가위 집을 넣어 주세요.

① 키친타월 위에 물을 뿌린 다음
크레스 씨앗을 뿌려 주세요.

③ 가위 집을 안으로 접어 넣고 뚜껑을 덮어요.

탐구 시작!

신발 상자를 밑에서부터 높이 2센티미터만 남기고 오려 내어 사각형 모양의 얕은 접시를 만들어요. 상자 바닥에 키친타월을 깔고 숟가락으로 물을 한 수저씩 떠 넣어요. 그러고는 양손 가득 크레스 씨앗을 담아 키친타월 위에 골고루 뿌려요. 이제 신발 상자의 뚜껑을 가져와 가운데 부분에 원하는 모양으로 구멍을 내요. 그리고 사진처럼 구멍 주변에 가위 집을 내어 안쪽으로 살짝 넣어요. 그다음 크레스 씨앗을 뿌려 놓은 상자 위에 뚜껑을 덮어요. 이제 다 됐어요. 마지막으로 상자를 창가에 옮겨 놓고는 가끔 물을 주면 돼요. 물을 줄 때는 크레스 씨앗 위에 직접 붓지 말고 숟가락으로 물을 떠서 키친타월을 축축하게 만들어 주세요. 일주일 정도 지난 뒤에 뚜껑을 열고 처음과 무엇이 달라졌는지 비교해 보세요. 무슨 일이 일어났나요? 크레스 씨앗에서 싹이 돋아나기 시작했지요? 가위로 구멍을 내서 햇빛을 받은 부분의 싹만 초록색이고 나머지는 다른 색이었을 거예요. 참, 크레스 씨앗을 구하기 힘들면 무씨로 실험해 보세요.

햇빛 없이 물만 공급받은 씨앗도 싹이 나나요?

식물은 광합성을 해야 살 수 있어요. 광합성이란 식물이 햇빛을 이용해 이산화탄소와 물을 가지고 자라나는 데 필요한 양분을 만드는 일을 말해요. 하지만 식물도 잎이 생기기 전까지는 광합성을 할 수 없어요. 그래서 씨앗에는 기본적으로 처음 싹을 틔우기까지의 필요한 양분이 들어 있지요. 달걀도 온도만 맞춰 주면 스스로 알을 깨고 나와 병아리가 되는 것처럼요. 따라서 햇빛에 노출되지 않아도 물만 공급되면 싹이 난답니다.

왜 식물은 초록색일까요?

식물에는 엽록소라는 물질이 있는데, 대부분의 식물이 지닌 엽록소는 초록빛을 띠고 있어요. 이 엽록소가 햇빛을 모아 광합성을 하면서 새로운 엽록소들을 만들어 내고 잎을 초록색으로 물들이는 거예요.

6월 식물은 잎을 배열하는 방법을 어떻게 알까요?

겹겹이 포개면서 나란히, 뒤죽박죽되지 않도록! 장미는 꽃잎을 어떻게 내밀어야 좋을지 알고 있을까요? 국화와 브로콜리는 어떻게 알까요?

준비물
-- 여러 가지 꽃
-- 종이
-- 색연필

시계 방향으로 돌아가며 꽃을 피운 데이지예요. 시계 반대 방향으로 돌아가며 꽃을 피운 데이지도 찾아보세요.
(데이지는 해바라기처럼 여러 송이의 작은 꽃들이 모여 하나가 된 겹꽃이에요.)

식물은 꽃이나 잎을 어떤 순서로, 어떤 방향으로 내밀지 어떻게 알까요?

물론 식물이 사람처럼 논리적으로 '이 잎은 이쪽에, 저 잎은 저쪽에 배열해야지.' 하고 생각하면서 잎을 내미는 건 아니에요. 하지만 식물마다 자라는 데 엄격한 규칙이 있는 게 틀림없어요. 장미에 가시가 나오지 않는다거나, 솔방울이 네모 모양으로 벌어지지 않듯이 말이에요. 또 식물마다 조금씩 개성이 있어요. 같은 종류의 식물이라도 정확히 똑같이 생긴 것은 없으니까요. 하지만 예외 없는 법칙이란 없다는 말도 있듯이 여러분이라면 아주 똑같이 생긴 걸 찾아낼 수 있을지도 몰라요. 한번 찾아볼까요?

탐구 시작!

탁자나 바닥에 여러 꽃봉오리들을 모아 놓고 자세히 살펴보세요. 어떤 점이 눈에 띄나요? 꽃잎이 일정한 모양으로 배열되었나요? 비슷해 보이는 꽃은 없나요? 위에 보이는 데이지처럼 시계 방향이나 시계 반대 방향으로 돌아가면서 꽃을 피우는 종도 있나요?

59

식물은 어떻게 질서 정연하게 자랄까요?

세상에는 아직도 풀리지 않은 수수께끼가 많아요. 식물이 어떻게 정확한 규칙에 따라 자라는가 하는 것도 수수께끼 가운데 하나지요. 정확한 이유는 아직 밝혀지지 않았지만 많은 학자들은 호르몬이 진두지휘를 한다고 생각해요. 호르몬이란 정보를 담고 있는 물질이에요. 어떤 기관이나 조직의 작용을 활발하게 하거나 억누르는 일을 하지요. 먼저 호르몬이 "자, 잎을 내밀어라!" 하고 명령을 내리면 잎이 나오고 그 뒤에 나오는 잎은 내밀 수 있는 빈 공간을 찾아 메우면서 차근차근 잎이 붙는다고 짐작해요. 우리가 어른이 되어서 이 비밀에 대해 정확하게 밝힐 수 있으면 좋겠어요.

7월
곰팡이는 어떻게 생겨날까요?

오래된 빵에는 곰팡이가 쉽게 피어요. 날씨가 더운 여름에는 더욱 많이 피지요. 곰팡이는 대체 어떻게 생기는 걸까요?

준비물

-- 식빵 3조각
-- 투명한 비닐봉지 3개
-- 고무줄 3개
-- 물 조금

신선한 빵

4일 뒤

탐구 시작!

식빵 3조각 가운데 2조각에 물을 조금만 축여요. 젖은 식빵 1조각을 식탁에 문지른 다음 비닐봉지에 넣고 고무줄로 꽉 묶으세요. 나머지 젖은 식빵 조각은 부엌 바닥을 문지른 뒤 역시 비닐봉지에 넣고 꽉 묶어요. 나머지 마른 식빵 조각은 그대로 비닐봉지에 넣어 꽉 묶어요. 이렇게 준비한 비닐봉지 3개를 4일 동안 어두운 곳에 놓아둔 뒤 확인해 보세요. 젖은 식빵 2개에는 벌써 곰팡이가 피었을 거예요. 비닐봉지는 함부로 열지 마세요! 곰팡이에는 독성이 있거든요. 이 독성이 자칫 공기를 타고 우리 몸속으로 들어올 수 있어요. 마른 식빵 조각에도 곰팡이가 조금 피었을 거예요. 하지만 젖은 식빵들보다는 훨씬 덜할 거예요. 곰팡이가 번식하려면 물이 필요하거든요. 일반적으로 곰팡이는 습도가 80~90퍼센트가 되면 활동을 시작하고 95퍼센트 이상이면 왕성하게 번식해요. 비닐봉지를 다시 어두운 곳에 두고 날마다 곰팡이가 어떻게 불어나는지 살펴보세요.

곰팡이는 어떻게 생기나요?

곰팡이는 공기 중에 떠다녀요. 정확히 말하자면 곰팡이가 아니라 곰팡이의 포자, 즉 홀씨가요. 민들레 홀씨가 날아다니다가 땅에 뿌리를 내리는 것처럼 곰팡이 홀씨도 공기

6일 뒤

10일 뒤

중에 떠다니다가 마음에 드는 곳, 그러니까 축축하고 따뜻하고 양분이 많은 곳에 뿌리를 내리지요. 식탁 위나 부엌 바닥이 깨끗해 보여도 곰팡이의 포자가 많이 있다고 해요. 곰팡이의 포자는 빵 같은 음식에 닿으면 싹이 터서 색깔이 없고 긴 실 모양의 균사가 돼요. 균사는 음식의 겉부터 속까지 뚫고 지나가지요. 그래서 식빵에 곰팡이가 폈을 때 그 부분만 잘라 내고 먹는 건 안전하지 않아요. 눈에는 잘 보이지 않지만 나머지 부분에도 곰팡이의 균사가 있을지 모르거든요.

7월
꽃은 어떻게 물을 마실까요?

꽃을 피우려면 물이 필요해요. 물이 부족하면 꽃봉오리가 축 늘어지기 시작하지요. 그런데 꽃에 물을 줄 때는 흙에다가 주잖아요. 꽃은 흙 속의 물을 어떻게 온몸 구석구석으로 전달하는 걸까요?

준비물
-- 식용 물감
-- 물이 든 유리컵 몇 개
-- 하얀 꽃 몇 송이(특히 백합이 좋아요!)
-- 가위

탐구 시작!

우선 유리컵 두세 잔에 물을 채우고 각각의 유리컵에 서로 다른 색깔의 식용 물감을 풀어요. 꽃잎을 조금 떼어 내고 줄기를 짧게 자르면 더 빨리 결과를 볼 수 있어요. 하지만 너무 짧게 자르지는 말고, 왼쪽에 보이는 꽃만큼의 길이로 자르면 돼요. 그다음 물감을 푼 물컵에 꽃줄기를 꽂아요. 하룻밤 자고 일어나면 아주 놀라운 일이 벌어질 거예요.

하얗던 꽃이 마법에 걸린 것처럼 알록달록해졌어요! 어떻게 된 걸까요?

꽃에 물과 양분을 공급하기 위해 뿌리가 물과 물속의 양분을 흡수해 곳곳에 전달해요. 잘린 꽃의 경우 뿌리 대신 줄기에서 직접 물을 빨아올리지요. 이 실험에서는 식용 물감의 색소가 물과 같이 올라온 거예요. 그래서 하얀 꽃이 물감으로 알록달록해진 거지요. 줄기 속에는 여러 개의 관들이 모여 있는 관다발이 있어요. 관다발은 크게 체관과 물관으로 나뉘지요. 식물은 광합성을 통해 흡수한 양분은 체관을, 뿌리를 통해 흡수한 물은 물관을 통해 잎이나 꽃 등 곳곳으로 보내요.

이 관다발은 서로 섞이지 않고 일직선으로 뻗어 있어요. 관다발은 실험을 통해 확인할 수 있지요. 흰 꽃의 줄기를 반으로 갈라서 한쪽은 붉은색 물감을 탄 물에, 다른 한쪽은 파란색 물감을 탄 물에 넣어 보세요. 꽃의 반은 붉은색으로 나머지 반은 파란색으로 물들 거예요. 줄기의 중간을 잘라 단면을 살펴보면 각각의 색으로 물든 물관을 확인할 수 있답니다.

① 꽃의 줄기를 반 잘라서 각각 다른 색의 물이 담긴 컵에 넣어 보세요.

② 한참 기다린 뒤 관찰해 보면 꽃의 색이 반씩 다른 색으로 물들어 있을 거예요.

③ 꽃의 줄기를 잘라 단면을 관찰해 보면 각기 다른 색으로 물들어 있는 물관을 확인할 수 있어요.

8월 검은색 자동차 안이 흰색 자동차 안보다 더 뜨거운 이유는 무엇일까요?

여름철에는 검은색 옷보다 흰색 옷을 입으면 더 시원해요. 왜 그럴까요?

적당한 날
-- 해가 쨍쨍한 날

준비물
-- 흰색 컵, 검은색 컵
-- 물
-- 온도계
-- 자명종
-- 연필과 종이

흰색 컵의 온도를 측정해요.

햇빛 아래에 물을 담은 흰색 컵과 검은색 컵을 두어요.

검은색 컵의 온도를 측정해요.

탐구 시작!

흰색 컵과 검은색 컵을 준비해서 똑같은 양의 물을 채우고, 햇빛이 비치는 곳에 놓아두세요. 2시간 뒤에 물의 온도를 측정할 수 있도록 자명종을 맞추어요. 자명종이 울리면 온도계를 흰색 컵에 넣고 눈금이 더 이상 변하지 않을 때까지 기다려요. 더 이상 변하지 않으면 측정이 완료된 거예요. 그때의 온도를 종이에 적어요. 같은 방법으로 검은색 컵의 물 온도도 측정해요. 실험이 제대로 이루어졌다면, 검은색 컵의 온도가 더 높게 나타날 거예요.

검은색 물체는 왜 흰색 물체보다 더 따뜻할까요?

밝은색의 물체는 열을 반사하는 성질이 있어요. 어두운색의 물체는 열을 받아들이는 성질이 있고요. 그래서 여름에는 검은색 자동차를 타거나 검은색 티셔츠를 입을 때보다 흰색 자동차를 타거나 흰색 티셔츠를 입을 때 더 시원하지요.

탐구자 지식 : 자외선을 막으려면 무슨 색 옷을 입는 것이 좋을까요?

햇빛에는 피부를 늙고 병들게 하는 자외선이 포함되어 있어요. 열을 흡수할 때와 마찬가지로 검은색 옷은 자외선을 흡수하고 흰 옷은 자외선을 반사시켜 차단시키는 효과는 크지만 얼굴과 팔 등 다른 부위로 반사시켜요. 그렇기 때문에 자외선을 막으려면 검은색 옷을 입는 것이 좋아요.

8월 오래 간직할 수 없는 물건을 오래 간직하는 방법이 있을까요?

세상에는 오래 간직하기 어려운 물건이 많아요. 물고기 같은 것들은 금방 썩어서 모양이 변해 버리잖아요. 이런 것들을 오래오래 남기기 위한 방법에는 어떤 것들이 있을까요?

준비물
-- 가자미나 도미 같은 납작한 물고기
 (물고기를 구하기 힘들면 사과 반쪽이나 깃털, 나뭇잎)
-- 물감
-- 습자지(속이 비치는 얇은 종이)
-- 접시
-- 스펀지
-- 신문지

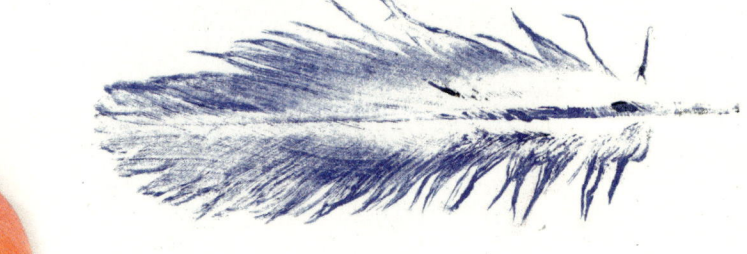

② 습자지를 올려놓고 꾹꾹 눌러요.
① 물고기 위에 물감을 고루 발라요.
③ 습자지를 조심스럽게 떼어 내요.

본뜨기와 탐구는 무슨 관계가 있어요?

탐구를 하려면 수집하는 것도 중요해요. 물고기처럼 산 채로 보관하기 힘든 물건은 사진을 찍거나 그림을 그리고, 본을 떠서 보관해야 하지요. 자료가 많을수록 이것저것 비교해 보면서 더 많은 정보를 얻을 수 있어요. 무엇이 같고, 다른지 쉽게 알 수 있지요.

탐구 시작!

먼저 신문지를 펼치고 그 위에 물고기를 올려놓으세요. 그러고는 접시에 물감을 짜고 스펀지를 준비해요. 다 준비됐으면 스펀지로 물감을 찍어서 물고기에 고루 묻히세요.

빠진 데 없이 다 묻혔으면 습자지를 물고기 위에 올려요. 자, 습자지를 꾹꾹 눌러 주세요. 물고기의 배 부분부터요. 등지느러미, 꼬리도 잊지 마세요. 꼼꼼하게 다 눌렀다면 습자지를 조심스럽게 떼어 보세요.

어때요? 물고기 모양이 선명하게 찍혔지요? 실제로 낚시꾼들이 큰 물고기를 잡았을 때 자랑 삼아 본을 뜨는 경우가 많아요. 그렇게 하면 당시의 추억을 오래오래 간직할 수 있을 테니까요.

9월 버섯은 어떻게 수를 늘릴까요?

버섯은 눈 깜짝할 사이에 엄청 불어날 수 있어요. 곰팡이처럼 버섯도 포자로 수를 늘리거든요. 곰팡이의 포자는 눈으로 볼 수 없지만 버섯의 포자는 작기는 해도 관찰할 수 있어요.

준비물
-- 양송이버섯이나 표고버섯 또는 갓 밑에 주름살이 있는 버섯 3~4개
-- 유리컵
-- 하얀 종이 또는 색종이
-- 칼이나 가위
-- 헤어스프레이

① 버섯과 컵을 준비해요.

② 색종이 위에 기둥 자른 버섯을 올려놓고 컵을 덮어요.

③ 몇 시간 후에 버섯을 뒤집으면 떨어진 포자가 보여요.

탐구 시작!

칼이나 가위로 버섯의 줄기 기둥을 잘라 내고, 주름살이 아래쪽으로 향하도록 종이 위에 버섯을 올려놓아요. 그리고 버섯이 마르지 않도록 각각의 버섯을 유리컵으로 덮어 놓으세요. 몇 시간 정도 지나면 포자가 종이 위에 떨어질 거예요. 종이를 말린 뒤 헤어스프레이를 약간 뿌려서 포자를 고정시키면 좋아요.

자연 속에서 버섯은 어떻게 식구들을 늘릴까요?

포자를 땅에 떨어뜨리는 것은 버섯이 식구들을 늘리기 위해 하는

가장 첫 번째 일이에요. 곰팡이가 포자를 떨어뜨려 균사를 만들듯이 버섯도 포자를 땅에 떨어뜨려요. 그러면 땅속에서 균사체라 불리는 조직이 자라지요. 균사체는 주로 죽은 나무에게서 영양을 얻으며 자라요. 죽은 나무 가까이에서 버섯을 많이 발견할 수 있는 것도 그 때문이에요. 비가 오면 짧은 시간에 균사체가 뭉쳐져 덩어리가 되고 이 덩어리가 자라나 버섯이 되지요. 다 자란 버섯은 다시 포자를 떨어뜨려 아기 버섯들을 만들어요. 보통은 날씨가 건조해지면 버섯에서 포자가 떨어지기 시작한답니다.

9월 소리를 볼 수 있다고요?

강아지가 짖는 소리, 전화벨 소리, 아이들의 웃음소리 등 우리는 날마다 다양한 소리를 들어요. 그런데 소리는 어떻게 우리 귀까지 오는 걸까요?

준비물
-- 북(한쪽 면에만 가죽이 씌여 있는 봉고나 콩가 같은 북이면 더 좋아요.)
-- 아마(자주색 꽃이 피는 한해살이 식물)의 씨앗 또는 쌀
-- CD 플레이어
-- CD

소리가 작을 때   소리가 클 때

우리는 어떻게 소리를 들을 수 있을까요?

소리는 파동이에요. 물체의 진동이 공기를 타고 귀에 전달되는 거거든요. 소리는 물을 타고도 전달되는데 공기에서보다 훨씬 빠르고 멀리, 그리고 크게 전달돼요. 욕조에 들어가 머리를 물속에 담그고 방귀를 뀌어 보세요. 소리가 훨씬 크게 들릴 거예요. 자, 이제 그럼 소리를 눈으로 직접 확인해 볼까요?

탐구 시작!

CD 플레이어를 북의 안쪽이나 아래에 놓고, 가죽 면 위에 아마 씨앗이나 쌀을 두 숟가락 정도 올려놓아요. 그러고는 음악을 틀어요. 처음에는 소리를 작게 하다가 점점 더 소리를 높여 보세요. 아마의 씨앗이나 쌀이 북의 안쪽에서 바깥쪽으로 춤추며 퍼지는 게

보이지요? 씨앗에 손을 대지도 않았는데 말이에요. 아마의 씨앗이나 쌀을 움직이는 것은 바로 음악 소리예요. 큰 스피커에 손을 대면 쿵쿵 울리는 것을 느낄 수 있어요. 소리는 생각보다 힘이 세서 씨앗을 밀치거나 튀어 오르게 할 수 있지요. 음악 소리를 조절하면서 움직임의 정도를 조절할 수 있답니다.

소리가 들릴 때 귓속에서는 무슨 일이 일어나나요?
사실 우리의 귓속에도 고막이라 불리는 아주 작은 북이 있어요. 그 북이 소리의 움직임을 받아들여서 뇌로 전달해 주지요. 그래서 우리가 소리를 들을 수 있는 거예요.

9월 나뭇잎은 어떻게 색을 바꿀까요?

가을이 되면 마법에라도 걸린 것처럼 나뭇잎이 알록달록 색을 바꿔요. 대체 나뭇잎 안에서 무슨 일이 벌어지는 걸까요?

준비물
-- 거름종이 2장
-- 가위
-- 검정 수성 사인펜
-- 연필

탐구 시작!

거름종이 위에 유리컵을 거꾸로 엎고 연필로 유리컵보다 약간 크게 동그라미를 그려요. 다 그렸으면 동그라미를 가위로 오린 뒤 한가운데에 조그맣게 구멍을 뚫어요. 그다음 구멍 주변을 사인펜으로 동그랗게 칠해요. 다른 거름종이는 길쭉하게 돌돌 말아요. 이 돌돌 말은 종이를 동그라미 한가운데 구멍에 꽂아 사진처럼 물에 잘 잠기도록 하세요.

이제 무슨 일이 일어날까요?

가운데에 꽂아 놓은 종이 심지가 물을 흡수하면서 컵 위에 올려놓은 동그란 거름종이도 같이 물을 흡수해요. 그러면서 잉크가 사방으로 번지지요. 우리가 사용하는 사인펜의 잉크에는 여러 가지 색소들이 들어 있어요. 그런데 이 색소들은 저마다 이동하는 속도가 조금씩 달라요. 그래서 여러 가지 색과 모양으로 퍼져 나가지요. 실험을 여러 번 해 보세요. 저마다 다른 모양으로

잉크가 퍼지는 모습을 볼 수 있어요.

이 실험이 나뭇잎과 무슨 관계가 있을까요?

앞에서 살펴봤듯이 대부분 엽록소는 초록색을 띠고 있어요. 봄과 여름에는 해가 쨍쨍하게 비치고 광합성을 활발하게 하면서 엽록소가 많아지지요. 그러니까 엽록소들이 많아진 탓에 다른 색들이 보이지 않는 거예요. 가을이 되면 나무는 겨울 동안 긴 휴식에 들어갈 준비를 해요. 엽록소를 분해해서 가지와 줄기에 저장하고 나뭇잎으로 가는 물과 영양분을 차단하지요. 나뭇잎에 있던 엽록소는 햇빛에 파괴되면서 양이 줄고 녹색은 점차 사라지는 거예요. 대신 엽록소 때문에 보이지 않았던 다른 색소가 두드러지면서 다양한 색이 나타나는 거랍니다. 노랗게 빨갛게 단풍이 들지요.

10월 흙은 어떻게 생겨날까요?

나무는 버릴 것이 하나도 없어요. 떨어진 낙엽도 쓸모가 있거든요. 숲을 산책하면서 한번 탐구해 보세요.

적당한 장소
너도밤나무, 참나무, 밤나무 등 넓은 잎을 가진 나무가 많은 숲

준비물
-- 작은 삽
-- 돋보기
-- 체(가루를 곱게 치거나 거르는 데 쓰는 기구)
-- 하얀 천

현재　　　　　　　　4개월 뒤　　　　　　　　8개월 뒤

탐구 시작!

숲 바닥을 살펴보세요. 어때요? 나뭇잎들이 참 많지요? 그중에는 완전한 모양의 잎도 있고 부서진 잎도 있어요. 조금 더 밑을 파 보면, 마치 뼈처럼 잎맥만 남은 나뭇잎도 발견할 수 있을 거예요. 훨씬 더 깊이 파 보면 나뭇잎은 하나도 보이지 않아요.

12개월 뒤

16개월 뒤

나뭇잎은 어떻게 흙이 되었을까요?

하얀 천 위에 여러 나뭇잎들을 늘어놓아 보세요. 운이 좋으면 꿈틀대는 작은 벌레도 볼 수 있을 거예요. 벌레는 나뭇잎을 갉아 먹고 배설물을 내보내지요. 돋보기를 이용하면 아주 잘 보여요. 좀 더 자세히 관찰하려면 깊숙한 곳에서 파낸 흙을 떠서 체로 쳐 보면 돼요. 그러면 아주 작은 톡토기도 볼 수 있을 거예요. 톡토기는 아주 먼 옛날부터 숲에서 살아온 곤충으로, 나뭇잎과 비슷한 색깔을 띠고 있으며 나뭇잎을 흙으로 만드는 중요한 역할을 하지요. 나뭇잎은 이렇게 곤충에 의해 먹힌 다음 소화되어 배설물이 되거나, 시간이 점점 흐르면서 분해되어 흙으로 변해요. 참, 이처럼 동물이나 식물이 분해되어 변한 흙을 부엽토라고 해요. 부엽토는 양분이 많아서 기름지며 흑색이나 흑갈색을 띤답니다.

11월 밀가루로 종이를 붙일 수 있을까요?

이런, 급하게 풀이 필요한데 다 떨어졌다고요? 괜찮아요! 직접 만들 수 있거든요. 재료는 전부 부엌에서 구할 수 있어요.

준비물
-- 작은 그릇
-- 거품기
-- 밀가루 1컵
-- 숟가락
-- 찬물

① 밀가루와 도구를 준비해요.
② 반죽을 만들고 거품기로 저어요.
③ 이제 종이를 붙여요.

탐구 시작!

밀가루를 그릇에 담고, 숟가락으로 찬물을 약간 떠서 그릇에 넣어요. 그리고 거품기로 잘 저어 매끄럽고 걸쭉한 반죽을 만들어요. 그다음 부풀어 오르도록 몇 분 동안 그대로 두세요. 만져 보면 아주 끈적끈적해져 있을 거예요. 이것이 바로 밀가루로 만든 풀이에요. 종이 정도는 너끈히 붙일 수 있지요. 밀가루 풀을 병에 담아 냉장고에 넣어 두면 약 2주 동안 쓸 수 있어요.

탐구자 지식 : 밀가루는 왜 끈적거릴까요?

밀가루에는 글루텐이라는 단백질이 들어 있어요. 글루텐은 라틴 어로 풀이라는 뜻이지요. 글루텐은 물과 만나면 서로 엉겨 붙으면서 촘촘한 그물망을 만들어요. 그러면서 진득진득해지지요. 그물망 안에 공기를 가둘 수 있기 때문에 폭신한 빵도 만들 수 있는 거예요.

쌀로도 풀을 만들 수 있어요?

쌀에는 글루텐이 없지만 쌀로도 풀을 만들 수 있어요. 쌀가루에 물을 넣고 끓이면 끈적해지거든요. 쌀에는 작은 녹말 입자가 규칙적으로 배열되어 있는데 물을 넣고 끓이면 이 구조가 흐트러지면서 서로 달라붙어요. 그러면서 끈적끈적해지지요.

11월 달은 왜 자꾸 모습을 바꿀까요?

달은 참 신기해요. 보름달처럼 엄청 커졌다가 아예 사라져서 모습을 감추기도 하잖아요. 왜 자꾸 모습을 바꾸는 걸까요?

준비물
-- 97쪽을 복사한 종이
-- 가위
-- 스테이플러 또는 풀

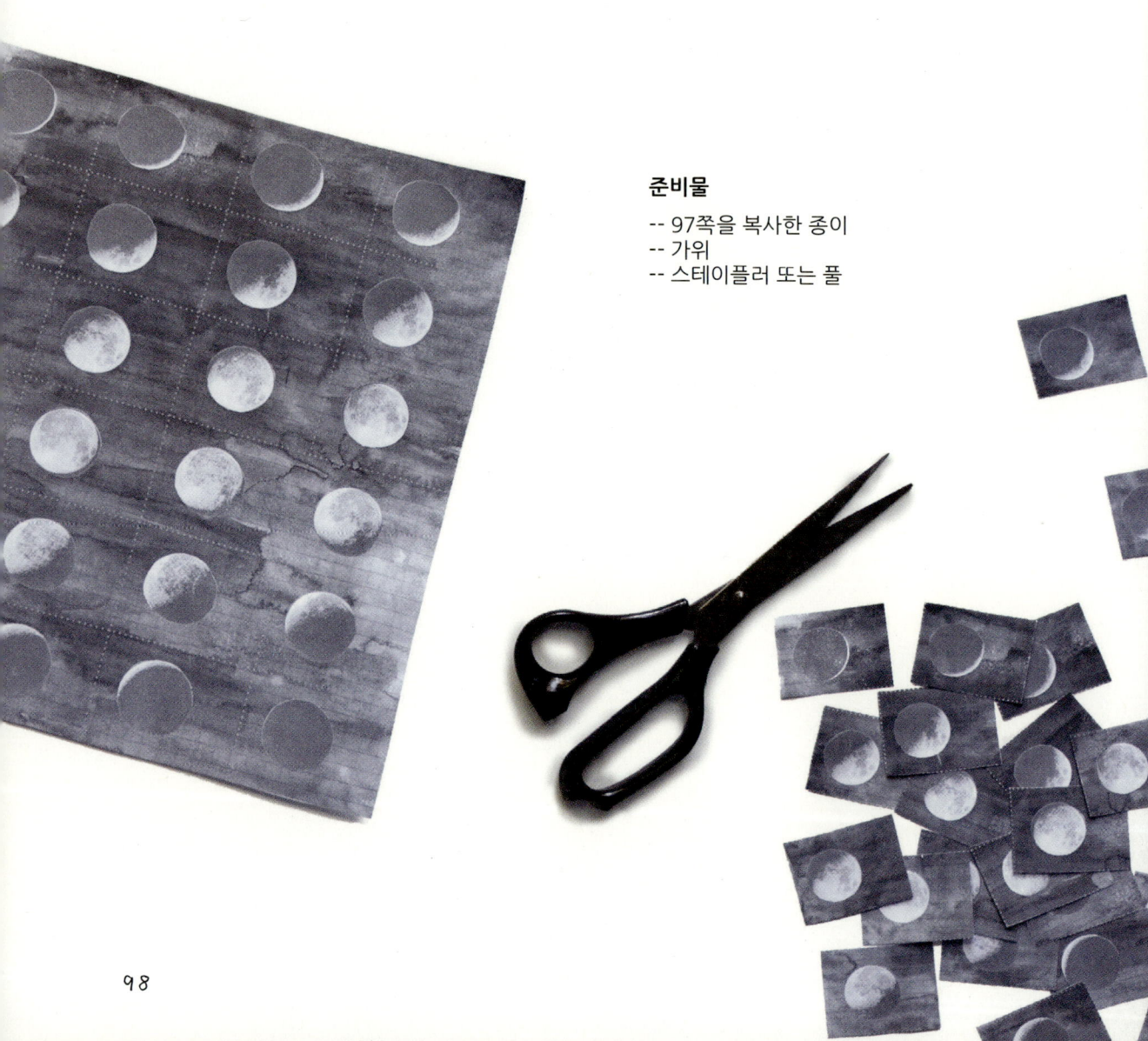

탐구 시작!

맑은 밤하늘에 떠 있는 달을 쳐다보세요. 달은 어떻게 빛을 내는 걸까요? 사실 달은 스스로 빛을 내는 것이 아니라 태양에게서 받은 빛을 반사시키는 거예요. 그래서 태양이 없다면 달은 빛날 수 없어요. 간단하게 거울로 시험해 볼 수 있지요. 어두운 창고 안에 거울을 가지고 가서 살펴보세요. 거울에서 빛이 나지 않을 거예요. 하지만 손전등으로 거울을 비추면 바로 빛을 내지요.

달은 왜 밤마다 모습을 바꾸는 걸까요?

우리 눈에는 달이 태양의 빛을 받아 빛나는 부분만 보여요. 어두운 부분은 보이지 않지요. 그런데 달은 같은 자리에 머무르지 않고 계속해서 지구의 주위를 돌아요. 그래서 태양과 지구와 달의 위치에 따라 달 모양이 다르게 보이는 거예요.

예를 들어 달이 태양과 지구 사이에 있을 때 달은 어두워서 보이지 않아요. 태양과 마주하는 반대편만 빛나기 때문이에요. 지구가 태양과 달 사이에 있을 때는 달이 완전히 다 보여요.

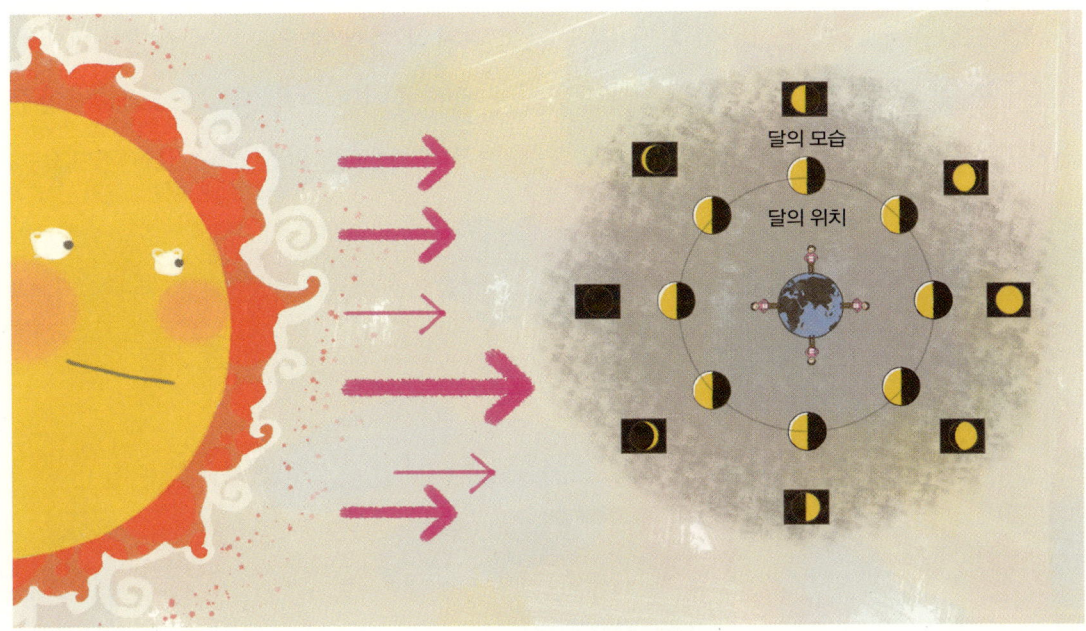

〈달의 위치에 따른 모습의 변화〉

실험해 보면 확실히 알 수 있어요!

한밤중에 방에 불을 끄고 텔레비전을 켜세요. 텔레비전 앞에서 양손을 쭉 뻗은 다음 공을 들고 제자리에서 천천히 돌아 보세요. 텔레비전의 빛을 받는 각도에 따라 공의 모습이 어떻게 보이나요? 달의 모습과 비슷하지 않나요? 여러분이 지구이고, 손에 쥔 공이 달이고, 텔레비전이 움직이지 않는 태양이라고 생각하면 돼요. 도는 것을 멈추어 공을 바라보세요. 공이 우리 주위를 돌지 않는다면, 모습도 바뀌어 보이지 않을 거예요. 우리 눈에 달의 모습이 바뀌는 것도 달이 지구 주위를 돌기 때문이랍니다.

달 모양의 변화를 관찰할 수 있는 작은 책을 만들어 볼까요?

복사한 그림을 잘 오려서, 1번이 가장 위에 24번이 가장 아래에 오도록 순서대로 정리해요. 이 묶음의 왼쪽 부분을 스테이플러로 박거나 풀로 붙이면 작은 책이 완성돼요. 아주 쉽지요? 이제 주르륵 책장을 넘겨 보세요. 변하는 달의 모양을 관찰할 수 있을 거예요.

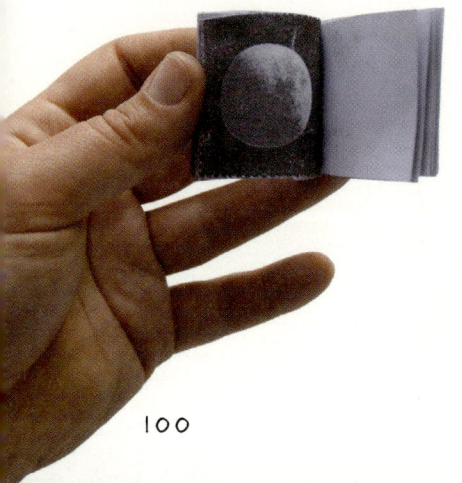

12월 왜 어떤 얼음은 투명하고 어떤 얼음은 불투명할까요?

어떤 얼음은 유리처럼 투명해요. 하지만 우유처럼 하얗고 불투명한 빙산 같은 얼음도 있지요. 같은 얼음인데 왜 투명하기도 하고 불투명하기도 할까요?

준비물
-- 물
-- 여러 색의 비누
-- 돋보기

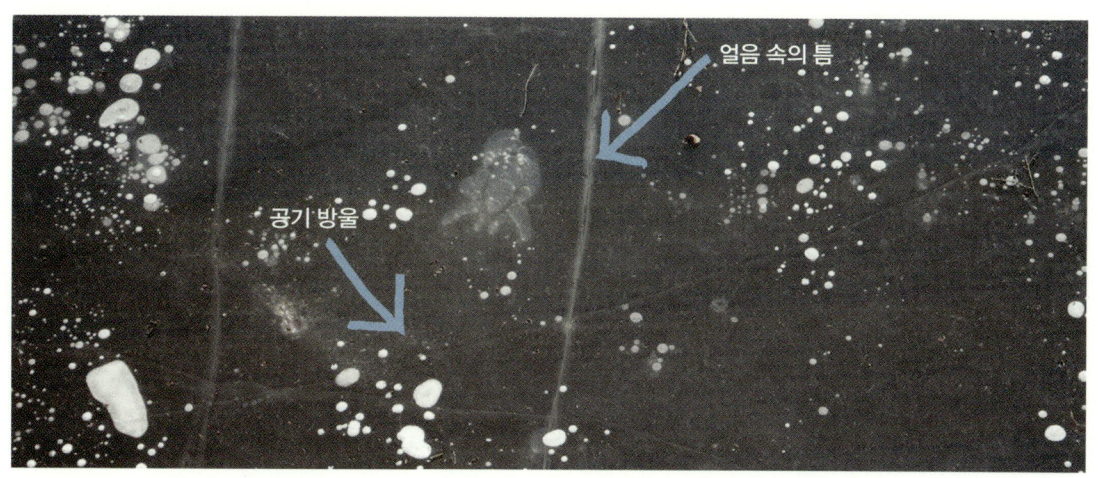

얼음 속의 틈

공기 방울

무엇이 얼음을 하얗게 만들까요?

0도 이하로 온도가 내려가면 물은 얼음으로 바뀌어요. 냉동고에서 꽁꽁 언 얼음 본 적 있지요? 그런데 냉동고에서 언 얼음은 거의 하얀색이에요. 그 이유는 물이 얼 때 온도가 일정하게 유지되지 않았기 때문이에요. 온도가 일정하게 낮으면 물이 얼음으로 바뀔 때 물의 입자들이 질서 정연하게 맞물려 공기 입자가 들어가지 못해요. 그러면 빛이 유리창을 통과할 때처럼 매끈하게 맞물린 물 입자 사이를 직진하게 되지요. 투명한 얼음이 되는 거예요. 그런데 집에서 쓰는 냉동고는 온도를 정확하고 일정하게 유지하기가 어려워요. 자꾸 문을 열었다 닫았다 하니까요. 온도가 일정하지 않으면 불규칙해진 물 입자 사이로 공기가 들어가요. 그러면 얼음이 공기와 물 입자로 뒤범벅이 되지요. 이렇게 입자가 울퉁불퉁한 얼음은 빛이 통과하지 못한 채 사방으로 튕겨져 나가요. 5월에 탐구한 '하

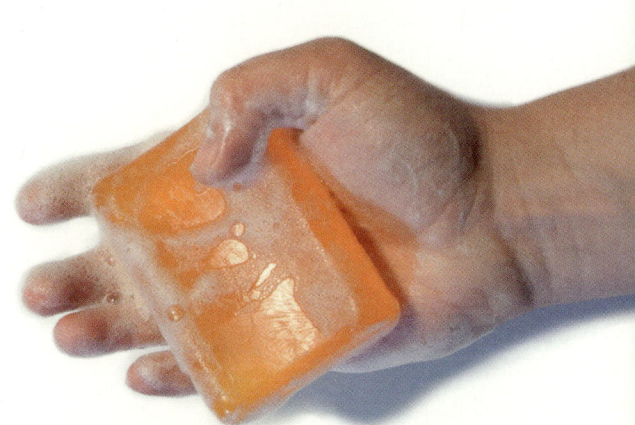

늘은 왜 파랄까요?'에서 배운 것처럼 빛이 산란되지요. 불투명한 하얀 얼음이 되는 거예요. 비누 거품이 하얀 것도 똑같은 이유예요. 그럼 비누 거품에서 일어나는 빛의 산란을 눈으로 확인해 볼까요?

탐구 시작!

비누에 물을 묻힌 다음 열심히 비벼서 거품을 많이 내 보세요. 그리고 거품의 색을 관찰해 보세요. 어때요? 여러 가지 다른 색의 비누로도 거품을 내 보고 색을 관찰해 보세요. 비누 색깔에 상관없이 거품은 언제나 하얀색이지요? 왜 그런지 돋보기로 한번 살펴볼까요? 돋보기로 크게 확대해 보면 거품 방울 하나하나가 모두 무지개 색으로 빛나요. 빛이 방울에 부딪히면서 여러 색으로 나뉘기 때문이에요. 만약 비누 거품이 1개의 방울만 있다면 작기는 하지만 무지개를 볼 수 있을 거예요. 하지만 수많은 작은 비누 거품이 생기면서 우리 눈에는 비누 거품들이 저마다 만든 오색빛이 한꺼번에 들어와요. 그러면 우리는 합쳐진 빛을 볼 수밖에 없지요. 4월에 '무지개는 어떻게 생겨날까요?'에서 탐구한 것처럼 여러 색의 빛이 합쳐지면 하얀색으로 보이는 것 기억나지요? 비누의 색에 상관없이 거품은 하얀색으로 보이는 것도 비슷한 이유에서예요.

12월 눈에서 어떤 자국들을 찾을 수 있을까요?

눈이 내렸어요. 그런데 눈 위에 여러 가지 자국이 나 있네요. 누가 어떤 자국을 남긴 걸까요?

적당한 날
-- 눈이 소복이 쌓인 날

준비물
-- 크게 뜬 눈

1

2

3

4

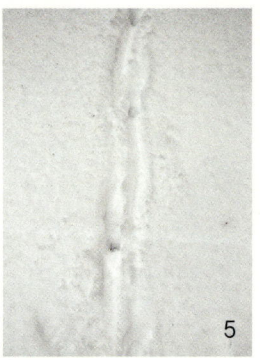
5

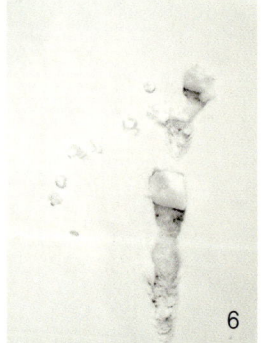
6

탐구 시작!

가장 먼저 자국을 구별해야 해요. 산림을 관리하는 분들은 동물의 발자국만 보고 생긴 지 얼마나 오래된 자국인지, 암컷 동물의 발자국인지, 수컷 동물의 발자국인지, 어린 동물의 것인지, 나이 든 동물의 것인지 구별할 수 있대요. 산이 아니더라도 겨울이면 눈 위에 난 자국을 많이 발견할 수 있어요. 무슨 자국인지 알 수 있는 것도 꽤 많을 거예요. 다음 자국 사진들을 보면서 무슨 일이 일어났었는지 알아맞혀 보세요.

예상 답안은 108쪽에 있어요.

• **추측해 보세요**

1. 까마귀가 뛰어다녔어요.
2. 사슴이 다녀갔네요.
3. 까마귀가 미끄러졌나 봐요.
4. 여기서 차를 반대 방향으로 돌렸네요.
5. 다리가 짧은 동물이 지나갔어요.
6. 누군가 눈덩이를 굴렸어요.
7. 토끼가 뜀뛰기를 했어요.
8. 트랙터가 지나갔네요.
9. 2대의 썰매가 가로질렀어요.
10. 길 가던 강아지가 잠시 앉아서 몸을 긁었네요.
11. 눈사람을 만들려고 눈덩이를 굴렸어요.
12. 말발굽 자국이에요.
13. 미끄럼틀을 타고 내려왔어요.
14. 신기하게 난 타이어 자국이에요.
15. 나뭇가지에 쌓인 눈이 녹아 아래로 뚝뚝 떨어졌어요.

2장

왜 그럴까요?

살면서 신기하게 여겨지는 것들이 있었나요?
하지만 그것에 대해 자세히 탐구할 시간이 없었다고요?
여기, 짧은 시간 안에 세계를 탐구할 수 있는 질문들이 있어요.

물은 왜 서로 달라붙을까요?

머리를 감고 나면 머리카락이 젖어서 서로 찰싹 달라붙어 있어요. 그런데 헤어드라이어로 말리면 머리카락이 따로따로 떨어져요. 정말 신기해요.

준비물
-- 유리컵 2개, 물, 우편엽서 2장, 동전 몇 개

알고 있나요?
같은 물체라도 수분이 있느냐 없느냐에 따라 굉장히 달라져요. 마른 모래로는 모래성을 쌓을 수 없지만 촉촉한 모래로는 얼마든지 쌓을 수 있잖아요. 물은 물체들이 서로 달라붙게 해요. 왜 그럴까요?

탐구 시작!
유리컵에 물을 가득 채우고 그 위에 우편엽서를 올려놓아요. 엽서에 물이 묻도록 잘 눌러 줘요. 물을 채우지 않은 빈 유리컵 위에도 엽서 한 장을 올려놓아요. 이제 동전을 엽서의 귀퉁이에 올려놓으세요. 무슨 일이 일어날까요? 빈 유리컵 위의 엽서는 동전을 올려놓자마자 동전의 무게를 견디지 못하고 바닥으로 떨어질 거예요. 하지만 물이 가득 담긴 유리컵 위의 엽서는 그대로 있어요. 물이 엽서를 붙잡고 있기 때문이지요.

무엇이 물의 힘을 강하게 할까요?

입자들은 서로 촘촘히 붙어 있으려는 힘을 가지고 있어요. 이 힘을 인력이라고 하지요. 인력은 물 입자들끼리만 작용하는 게 아니에요. 다른 물질의 입자도 끌어당기지요. 그래서 엽서는 컵 속에 담긴 물에 꼭 달라붙어 있고 물에 젖은 머리카락들도 서로서로 끌어당기는 거예요.

비누는 왜 필요할까요?

비누는 더러운 손을 깨끗하게 해 줘요.
어떻게 그럴 수 있을까요?

준비물
성냥개비 1개, 액체 세제, 커다란 그릇, 물

탐구 시작!
그릇에 물을 담고 성냥개비의 뒤쪽 끝을 액체 세제에 담가요. 한 방울만 묻혀도 충분해요! 이제 세제 묻힌 성냥개비를 그릇 안에 담긴 물에 띄워 보세요. 어떻게 되는지 살펴볼까요?

성냥개비는 어떻게 헤엄쳐 다닐까요?
앞에서 물에는 인력이 있다고 했던 것 기억나지요? 성냥개비를 물에 띄우면 가만히 정지되어 있는 것처럼 보이지만 사실은 여러 방향에서 물 입자들이 성냥개비를 잡아당기고 있는 거예요. 그런데 뒤쪽 끝에 세제를 묻히면 힘의 균형이 깨져요. 세제가 물 입자 사이사이에 파고들어 인력을 약하게 만들거든요. 뒤쪽 힘이 약해지는 바람에 반대쪽인 앞쪽으로 끌려가는 거지요.

　이 실험이 비누로 우리 몸이나 옷을 깨끗이 하는 것과 무슨 상관이 있냐고요? 세제와 비누의 원리는 같아요. 더러운 물질들은 대부분 기름기를 가지고 있거든요. 기름과 물은 원래 섞이지 않잖아요. 비누는 물 입자들이 서로 잘 붙어 있지 못하게 하면서 기름이 물과 섞일 수 있게 해 줘요. 그러면 기름기, 즉 더러운 물질을 쉽게 제거할 수 있지요.

건전지는 어떻게 작동할까요?

충전된 건전지와 다 쓴 건전지는 무게가 똑같아요. 그렇다면 건전지가 닳으면 무엇이 없어지는 걸까요?

준비물
손바닥만 한 알루미늄 포일, 금속 찻숟가락

탐구 시작!

알루미늄 포일을 길고 단단하게 뭉쳐요. 그리고 한 손에는 알루미늄 포일을, 다른 손에는 찻숟가락을 들어요. 포일과 숟가락의 길이는 똑같아야 해요. 이제 포일과 찻숟가락의 끝을 혓바닥에 대 보세요. 이때 포일과 찻숟가락이 입안에서 서로 닿으면 안 돼요. 포일과 찻숟가락의 한쪽 끝은 혓바닥에 대고, 다른 쪽 끝은 서로 맞닿게 해 보세요. 혀에 뭔가 이상한 느낌이 오지 않나요?

혀가 근질거린다고요?

혀가 근질거리는 이유는 바로 전기가 통했기 때문이에요. 우리가 텔레비전을 볼 때나 형광등을 켤 때 쓰는 전기는 전자들의 움직임으로 생기는 힘이에요. 전자란 물질을 이루는 원자라는 기본적인 단위가 있는데 이 원자 안에 들어 있는 아주 작은 입자예요. 어떤 물건은 전자를 너무 많이 가지고 있어서 내보내고 싶어 해요. 또 어떤 물건은 전자를 적게 가지고 있어서 많이 받아들이고 싶어 하고요. 그래서 전자가 남아도는 물체와 모자란 물체를 맞대면 전기가 흐르지요. 전자가 남아도는 쪽에서 부족한 쪽으로 이동하는 거예요. 알루미늄은 전자를 많이 가지고 있어서 내보내고 싶어 해요. 철은 전자를 받아들이고 싶어 하고요. 그래서 알루미늄 포일에서 철로 된 찻숟가락으로 전자가 이동하는 거예요. 건전지란 전자를 주고 싶어 하는 물질과 받고 싶어 하는 두 물질을 안에 넣고 전자들이 이동하도록 만든 장치랍니다. 전자들이 이동할 때 생기는 힘을 이용하는 거지요. 전자들이 이동하는 것을 마치면 건전지의 수명이 다해요. 두 물질 모두 전자를 충분히 주고 받아서 더 이상 이동하고 싶어 하지 않는 상태에 다다른 거예요. 전자가 이동하기 전이나 후나 다 건전지 안에서 일어나는 일이라서 다 쓴 건전지나 새 건전지나 무게의 차이는 없어요.

무엇이 전기를 띠게 할까요?

겨울에 털모자를 벗으면 머리카락이 삐쭉 일어서요.
왜 그럴까요?

준비물
풍선, 스웨터, 얇은 물줄기

알고 있나요?
겨울에 털모자를 벗을 때도 그렇고 스웨터를 벗을 때도 그래요. 타닥 하는 소리가 들리면서 머리가 삐쭉 일어서지요. 왜 그러는 걸까요?

탐구 시작!
풍선을 불어서 묶은 다음 세면대로 가져가세요. 그리고 물줄기가 가늘게 나오도록 수돗물을 약하게 틀어요. 그러고는 풍선을 스웨터에 몇 초 동안 문지른 다음 물줄기 가까이에 대 보세요. 무슨 일이 일어나나요?

풍선이 물줄기를 어떻게 당기는 걸까요?
풍선을 물줄기에 갖다 대니 직선으로 떨어지던 물줄기가 곡선을 그리면서 풍선을 향해 끌려와요. 어떻게 된 걸까요? 스웨터는 전자를 주고 싶어 하고 풍선은 전자를 받고 싶어 해요. 풍선을 스웨터에 문지르면 스웨터에서 풍선으로 전자가 빠르게 이동하지요. 전자를 받은 풍선은 힘이 생겨요. 그래서 물을 끌어당길 수 있는 거예요.

털모자를 벗느라 문질러진 머리카락이 일어나고, 풍선과 스웨터를 비비면 타닥거리는 것도 그래서예요. 구름을 이루는 입자들이 서로 부딪쳐도 전기가 생겨요. 번개가 치는 이유도 그래서이지요. 비가 올 때 하늘을 본 적 있나요? 구름이 엄청 많고 두껍지요? 구름에는 전자가 엄청 많은 상태예요. 전자를 무척 나누어 주고 싶은 상태지요. 그래서 전기가 잘 통하는 땅이나 철탑으로 전자를 내보내거나 공기 중으로 전자를 흘려보내는 거예요. 그것이 번개지요. 그 힘이 엄청나게 커서 소리도 어마어마한 거예요.

무엇이 종이를 강하게 만들까요?

야들야들한 종이를 튼튼하게 만드는 방법이 있어요. 장난감 자동차가 다닐 수 있는 다리도 만들 수 있지요.

준비물
나무 블록 2개, 종이 3장, 장난감 자동차, 빈 성냥갑 2개

탐구 시작!
종이 1장을 2개의 블록 위에 걸쳐 놓고 자동차가 지나다닐 수 있는 다리를 만들어 보세요. 마음껏 종이를 접어도 좋지만 풀을 사용하는 건 안 돼요.

종이에 대해 무엇을 알아냈나요?
종이를 접으면 힘이 세져서 자동차를 올려놓아도 너끈히 버틸 수 있어요. 접는 것이 종이를 얼마나 강하게 만드는지 알 수 있는 다른 실험을 해 볼까요? 종이 1장을 성냥갑 속에 넣을 수 있을 정도로 꼭꼭 접어서 집어넣어요. 그리고 다른 1장은 찢어서 넣어 보세요. 자, 어떤가요? 접은 종이를 성냥갑 속에 넣기가 더 힘들지 않나요?

종이를 접으면 어떻게 되나요?

보통 공책 정도 크기의 종이 한 장은 넓이에 비해 버티는 힘이 약해요. 하지만 접으면 접을수록 주름이 많아지면서 버티는 힘이 생기지요. 접은 종이가 자동차의 무게를 버틸 수 있는 힘이 생긴 건 주름이 많아졌기 때문이에요. 똑같은 한 장의 종이라도 여러 개의 주름들이 함께 받쳐 주면 그만큼 버티는 힘이 좋아지거든요.

식물의 씨에서 어떤 것들을 떠올릴 수 있을까요?

단풍나무 씨에는 날개가 있어 높은 곳에서 떨어져도 빙빙 돌면서 부드럽게 떨어져요. 그것을 본떠 종이 헬리콥터를 만들 수 있지요.

준비물
종이, 자, 가위, 클립

탐구 시작!

단풍나무 씨처럼 빙빙 돌아 착지하는 종이 헬리콥터를 만들어 볼까요? 종이를 세로 18센티미터, 가로 4.5센티미터로 자른 다음에 사진처럼 선을 그려 넣어요. 실선 부분은 자르고, 점선 부분은 접어요. 아랫부분은 접어서 클립으로 고정시켜요. 클립은 헬리콥터 아래쪽을 무겁게 해 주어 똑바로 서서 떨어질 수 있게 잡아 주는 역할을 한답니다. 자, 그럼 완성이에요! 이제 높은 곳에 올라가 날려 보기로 해요.

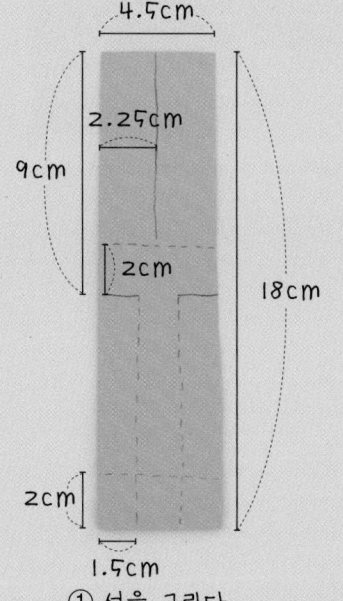

① 선을 그린다.

② 실선은 자르고 점선은 접는다.

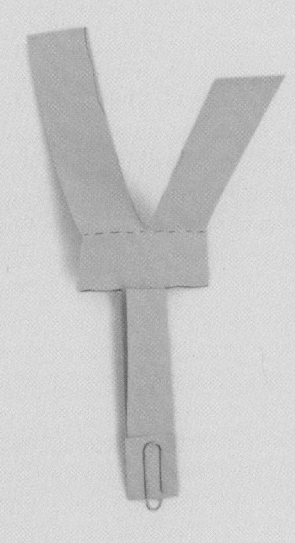

③ 아래쪽에 클립을 끼운다.

날아다니는 씨에서 아이디어를 얻는다고요?

물론이죠! 단풍나무나 물푸레나무 씨는 날개가 있어 빙글빙글 돌면서 땅에 부드럽게 떨어진답니다. 레오나르도 다빈치는 단풍나무 씨의 비행을 주의 깊게 관찰하고 프로펠러를 만들기도 했어요.

레오나르도 다빈치의 프로펠러 ⓒ다빈치 뮤지엄

식물의 씨에는 왜 날개가 있을까요?

이것은 단풍나무 씨예요. 끝 부분에 씨가 들어 있고 나머지는 날개지요. 식물은 여러 가지 방법으로 씨를 퍼뜨려 번식하는데, 주변 나무들과의 경쟁을 피하기 위해 가능한 먼 곳으로 이동하려는 성질이 있어요. 열매가 열리는 식물들은 대부분 동물에게 열매를 먹혀서 씨를 먼 곳으로 이동시키지만, 열매가 열리지 않는 식물들은 다른 방법으로 씨를 퍼뜨리지요. 단풍나무는 바람에 날려 씨를 먼 곳까지 이동시켜요. 바닥으로 빨리 떨어지지 않고 조금이라도 더 멀리 가기 위해 날개를 달고 있는 거예요.

단풍씨

촛불이 타오르려면 무엇이 필요할까요?

촛불은 바람이 불면 금세 꺼져요. 또 어떤 때에 꺼질까요?

준비물
작은 초 2자루, 접시 2개, 큰 유리컵 1개, 작은 유리컵 1개, 성냥 또는 라이터

> 2개의 초를 켜고 크기가 다른 유리컵 2개로 각각 덮은 뒤 시간이 지나면 어떻게 될까요?
>
> A ▷ 각기 서로 다른 속도로 꺼진다.
> B ▷ 둘 다 곧장 꺼진다.
> C ▷ 변함없이 타오른다.
> D ▷ 더 밝게 타오른다.
>
> 어떻게 될까요? 실험해 보세요!

탐구 시작!

우선 초 아래에 촛농이 떨어지지 않도록 각각 접시를 받치고는 엄마 아빠에게 부탁을 해서 촛불을 켜요. 그리고는 각 촛불을 서로 다른 크기의 컵으로 덮어요. 이제 어떻게 될까요?

촛불은 시간을 두고 차례대로 꺼질 거예요. 촛불이 꺼지는 이유는 산소가 부족하기 때문이지요. 촛불이 계속 타려면 산소가 필요한데 유리컵으로 덮어 놓으면 공기가 차단되잖아요. 따라서 공기의 한 성분인 산소도 차단되는 거예요. 컵 속의 산소가 바닥나자마자 촛불이 꺼지기 때문에 컵의 크기에 따라 꺼지는 속도가 달라지지요. 불이 났을 때 이불이나 모래를 덮어 불을 끄는 것도 산소를 차단해서 불을 끄는 방법이에요.

정답은 A예요. 맞혔나요?

불꽃에도 그림자가 생기는 이유는 무엇일까요?

밝게 타오르는 불은 어떻게 어두운 그림자를 만들 수 있을까요?

적당한 날
해가 쨍쨍한 날

준비물
촛불, 도자기 접시, 돋보기

불꽃의 그림자는 언제 생기는 걸까요?
불꽃의 그림자는 강한 빛을 받을 때 생겨요. 아주 밝은 손전등이나 강렬한 햇빛이 불꽃을 비출 때요.

탐구 시작!
화창한 날에 햇빛이 쨍쨍 내리쬐는 하얀 벽을 찾아요. 어른들에게 부탁해서 라이터로 촛불을 켜 보세요. 그러면 벽에 촛불 그림자가 보일 거예요.

촛불 그림자는 왜 생기나요?
불꽃 속에는 아주 작은 그을음 입자들이 무수히 있어요. 도자기 접시를 불꽃에 가져다 대면, 접시에 곧장 검은 그을음이 생길 거예요. 불꽃에 그림자가 생기는 것은 바로 이 그을음 입자들 때문이에요. 그을음이 묻은 접시를 돋보기로 자세히 관찰해 보세요.

우리의 눈이 2개인 이유는 무엇일까요?

우리 몸에는 2개씩 있는 기관이 몇 군데 있어요. 눈도 그렇지요. 그런데 눈은 왜 2개일까요? 꼭 2개일 필요가 있을까요?

준비물
두 눈과 엄지손가락

탐구 시작!

오른쪽 눈과 왼쪽 눈은 두뇌로 각각 다른 장면을 전달해요. 한번 확인해 볼까요? 오른쪽 팔을 쭉 뻗어 엄지손가락을 치켜든 다음에 왼쪽 손으로 한쪽 눈을 가리고 다른 쪽 눈으로 엄지손가락 뒤에 무엇이 보이는지 살펴보세요. 꽃병이 보이나요? 나무가 보이나요? 그림이 보이나요? 한번은 왼쪽 눈으로, 한번은 오른쪽 눈으로 번갈아 가면서 엄지손가락을 바라보세요. 어때요? 엄지손가락을 움직이지 않는 데도 뒤로 보이는 배경이 이리저리 왔다 갔다 하지요?

왜 장면이 이리저리 움직일까요?

오른쪽 눈과 왼쪽 눈은 서로 다른 각도에서 장면을 봐요. 각각의 눈은 자기가 본 장면을 뇌로 보내는데, 뇌에서 이 두 개의 장면을 하나의 장면처럼 합치는 거예요. 두 장면이 하나가 되면서 세계가 3차원으로, 즉 입체적으로 보이는 거지요. 이것은 우리가 거리를 가늠하는 데 도움을 줘요. 3D 영화를 본 적이

있나요? 보통 영화는 평면이지만, 3D 영화에서는 깊이가 느껴지고 입체감이 도드라지지요. 그건 3D 영화가 일반 영화와는 달리 화면에 오른쪽 눈과 왼쪽 눈으로 보는 화면을 함께 보여 주기 때문이에요. 보통 영화는 카메라 1대로 찍은 평면적인 영상을 보여 주지만 3D 영화는 왼쪽 카메라와 오른쪽 카메라에서 찍은 영상을 합쳐서 보여줘요. 그냥 맨눈으로 화면을 보면, 화면이 겹쳐져서 이중으로 보여요. 하지만 3D 영화용 안경을 쓰면 각도가 다른 두 이미지가 각각의 눈에 분리되어 인식되면서 깊이감이 생기고 입체로 보이는 거지요.

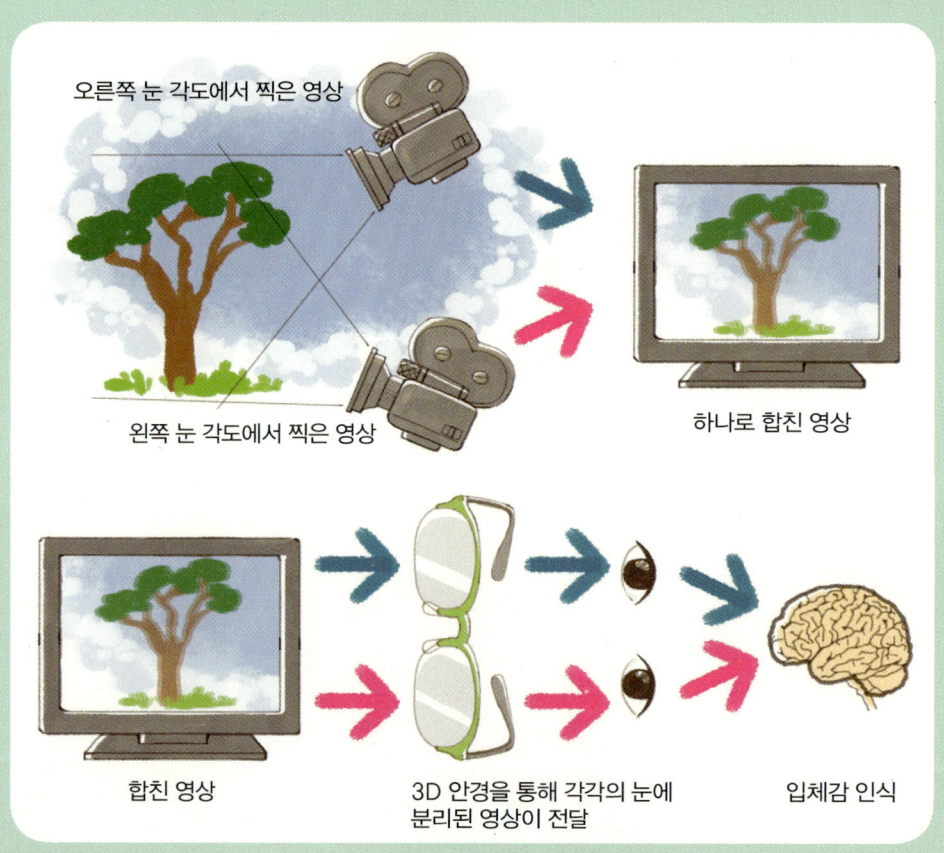

어떻게 더 많은 것을 볼 수 있을까요?

망원경이나 돋보기로 보면 더 많이, 더 자세히 볼 수 있어요.
두루마리 화장지의 심도 훌륭한 도구가 되지요.

준비물
두루마리 화장지 심

탐구 시작!

세계를 발견하려면 주의 깊게 관찰하는 것이 중요해요. 조용히 주변을 둘러보세요. 무엇이 눈에 띄나요? 그냥 보기 지루하면 한쪽 눈을 손으로 가리고 다른 한쪽 눈에 화장지 심을 대어 보세요. 화장지 심으로 보면, 세상의 일부분만 눈에 들어올 거예요. 화장지 심을 통해 보는 세상과 두 눈으로 보는 세상이 어떻게 다른지 비교해 보세요. 어떻게 볼 때 더 많은 것을 발견할 수 있나요?

작은 부분만 보는 데도 더 자세히 많은 것을 볼 수 있는 이유는 무엇일까요?

간단해요. 작은 부분만 보면 그 부분에 더 집중해서 정확히 볼 수 있거든요. 공부를 할 때 어두운 방에 스탠드를 켜서 책 위만 밝게 내리쬐면 집중이 더 잘되는 것도 이런 이유에서예요. 이렇게 한 부분을 집중해서 보는 일이 매우 중요하다고 과학자들은 말해요. 수박 겉핥기 식으로 대충대충 넘겨보면 중요한 것을 보지 못하고 넘어갈 때가 많거든요.

옛날에 벌어진 일들을 어떻게 알 수 있을까요?

여러분의 부모님은 어떻게 만나셨을까요? 5분이 지나면 그 비밀을 알 수 있을 거예요.

준비물
호기심과 좋은 질문

좋은 질문은 어떤 질문일까요?

좋은 질문은 우리를 탐구에 집중하게 만드는 질문이에요. 새로운 것을 알게 해 주고, 알고 싶은 것을 더 잘 이해하게 해 주는 질문 말이에요. 질문을 통해 과거의 일을 알 수 있어요. 역사 연구자들은 질문을 통해 어떤 사건이 왜 일어났는지를 알아내려고 해요. 여러분도 기억이 나지 않는 아주 어릴 때의 일들을 질문을 통해 알 수 있어요. 부모님의 어린 시절, 할머니, 할아버지, 증조할머니, 증조할아버지, 고조할머니, 고조할아버지에 대해서도 알 수 있지요. 질문만 던지면 돼요.

탐구 시작!

질문을 던지고 흥미로운 대답을 들었다면, 탐구에 성공한 거예요. 더 많은 것을 알아내고 싶다면 학자들이 사용하는 방법을 활용해도 좋아요. 여러 사람에게 똑같은 질문을 던지는 거예요. 예를 들어 여러분이 아주 어렸을 때 어떤 음식을 특히 잘 먹었는지 궁금하면 엄마, 아빠, 할머니, 할아버지 등 알 만한 사람에게 물어보세요. 그 대답들을 종합해 보면 상당히 정확한 결론을 내릴 수 있을 거예요.

아주 느린 변화들은 어떻게 관찰할 수 있을까요?

아직 초록색 잎이 달리지 않은 나무가 있나요? 그 나무를 탐구해 보세요!

준비물
카메라

기다리는 것이 힘들지요?
탐구는 종종 기다림을 뜻해요. 까만 씨에서 연둣빛 싹이 트기를 기다리고, 샛노란 바나나가 갈색이 되기를 기다리고, 하얀 식빵에 얼룩덜룩 곰팡이가 피기를 기다리는 등 말이에요. 만약 탐구하다가 기다리기 지루하다면, 일정한 시간 간격을 두고 카메라로 하나하나 찍어 보세요. 학자들은 그런 작업을 기록이라고 부른답니다.

탐구 시작!
서서히 변하는 것들을 찾아 사진으로 찍어 보세요. 서서히 고개를 숙이는 꽃송이, 짧아졌다 길어졌다 하는 그림자, 구름의 모양 등등. 겨울이라면 그릇을 가지고 밖에서 눈을 가득 채운 다음 집 안으로 들여와 천천히 녹는 과정을 기록해도 좋지요. 단계마다 사진을 찍었다면 인쇄해서 작은 책을 만들어도 좋아요. 작은 책을 만드는 법은 100쪽에 나와 있어요.

별을 이용해서 방향을 찾을 수 있을까요?

별은 아무 곳에서나 빛나지 않아요.
정확히 자기 자리를 갖고 있답니다.

적당한 날
맑고 깜깜한 밤

탐구 시작!

왼쪽 사진을 보세요. 큰곰자리에 속하는 북두칠성이 보이나요? 모두 7개의 별로 이루어졌지요. 그림에서처럼 별자리는 별과 별 사이를 선으로 이으면 모양이 만들어져요.

북두칠성의 특별한 점은 무엇일까요?

북두칠성은 일 년 내내 볼 수 있어요. 그래서 길을 잃었을 때는 북두칠성의 도움으로 방향을 잡을 수 있지요. 북두칠성을 기준으로 북극성을 찾을 수 있거든요. 북두칠성의 상자 모양 쪽에서 맨 끝 별 2개를 이은 거리를 5배 정도 연장한 곳에 북극성이 있어요. 아주 밝지는 않지만 주위에 다른 별이 없어서 쉽게 눈에 띄지요. 북극성은 늘 북쪽에 있기 때문에 하늘의 북극이라고도 불린답니다. 북극성이 보이는 방향을 북쪽이라고 생각하고 길을 찾으면 돼요.

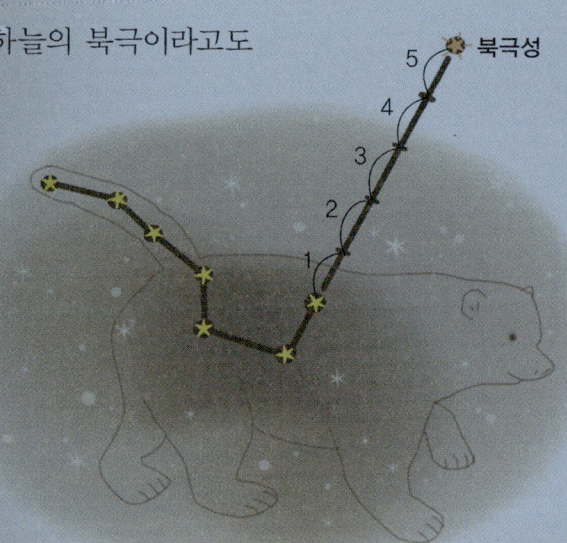

별을 내려다본다고요?

별을 올려다보지 않고 내려다볼 수 있다고요?

적당한 날
맑고 깜깜한 밤

준비물
돗자리

별들은 늘 우리 위에만 있을까요?

지구본을 본 적이 있지요? 지구는 둥글고 지구의 모든 지역에서 별을 볼 수 있다는 점을 생각해 보세요. 위쪽에서 옆쪽에서 또 아래쪽에서도 별이 보여요. 그러니까 어쩌면 별을 내려다보는 것도 가능하지 않을까요?

탐구 시작!

별이 총총하게 떠 있는 밤에 별이 잘 보이는 곳을 찾아보세요. 그다음 땅에 돗자리를 깔고 누워 하늘을 쳐다봐요. 편안하게 눕는 게 중요해요. 가만히 하늘을 쳐다보면 끝도 없이 넓은 밤하늘에 푹 빠지게 될 거예요. 바로 그때예요. 지구가 우리를 꽉 붙들고 있고 우리 아래쪽에서 별이 빛난다고 상상해 보세요.

또 하나의 조언

만약 상상하기 어려우면, 이 책을 그냥 시계 반대 방향으로 돌려 보세요. 사진 속 여자아이가 위쪽으로 오게요. 이 아이는 지구에 매달린 채 하늘을 내려다보고 있어요.

초파리를 어떻게 기를까요?

초파리를 좋아하는 사람은 별로 없을 거예요. 하지만 학자들에게 초파리는 정말 흥미로운 곤충이랍니다.

적당한 날
어느 여름날

준비물
바나나 1개, 유리병, 화장지, 고무줄

초파리는 어떤 점이 흥미로운가요?

초파리 1쌍이 발견되면, 한 달 만에 수만 마리로 늘어날 수 있어요. 또 초파리의 유전자는 사람의 유전자와 비슷하다고 해요. 초파리를 연구해서 노벨상을 받은 학자도 있지요.

탐구 시작!

초파리를 기르는 것은 아주 쉬워요. 바나나 껍질을 벗기지 않은 채 잘라서 유리병 속에 넣은 다음 밝고 따뜻한 곳에 놓아두세요. 바나나가 검게 변할 즈음이면 틀림없이 초파리 몇 마리가 병 속에 나타났을 거예요. 그러면 유리병 입구를 화장지로 막고 고무줄로 칭칭 묶어요. 그리고 며칠이 지난 뒤 초파리가 얼마나 많이 불어나는지 관찰해 보세요.

겨울이 오면 초파리는 어디에 있을까요?

날씨가 쌀쌀해지자마자 여름 내내 쉬지 않고 날아다니던 초파리들이 감쪽같이 사라졌어요. 초파리들은 따뜻한 곳에서 살거든요. 아마 겨울에는 어디 따뜻한 곳에 숨어 지내다가 날이 따뜻해지면 본격적으로 활동을 시작하는 걸 거예요.

곤충을 어떻게 구별하나요?

크기? 아니면 다리의 수? 색깔? 곤충인지 아닌지를 구분하는 기준은 무엇일까요?

준비물
돋보기, 곤충, 종이, 연필

탐구 시작!

곤충인지 아닌지를 구분하기 위해서 자세히 관찰하고 그림을 그려 볼까요? 먼저 종이와 연필을 준비하세요. 바로 전 실험에서 나온 초파리부터 살펴볼까요? 돋보기를 가지고 자세히 관찰해 보세요. 날개가 있나요? 네. 다리가 6개인가요? 네. 돋보기로 몸통을 관찰해 보세요. 3부분으로 구분이 되나요? 네. 그렇다면 초파리는 곤충이군요. 곤충은 일단 몸이 머리, 가슴, 배로 구분이 되어야 하고 다리가 3쌍이어야 해요. 날개도 1쌍 있어야 하고요. 그런데 날개의 경우는 환경에 적응하면서 퇴화되어 점점 없어진 경우도 있기 때문에 날개가 없어도 곤충일 수 있어요. 그렇지만 다리는 꼭 3쌍이어야 해요. 거미나 지네, 노래기 같은 다리 많은 동물들이 왜 곤충이 아닌지는 알겠지요? 곤충의 친척쯤 될 거예요. 모두 절지동물에 속하거든요. 절지동물이란 등뼈가 없는 동물 중 몸이 딱딱한 껍데기로 싸여 있으며, 몸과 다리에 마디가 있는 동물 무리를 말해요.

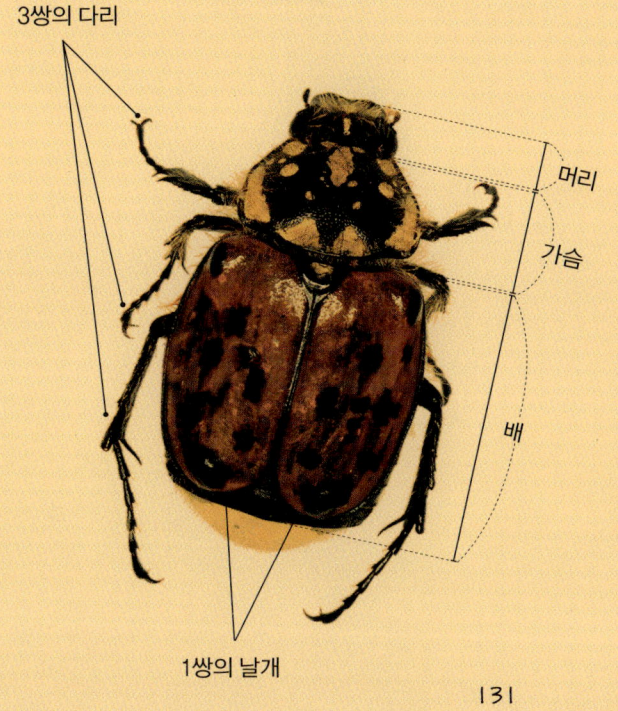

그림을 그리는 것이 탐구에 도움이 되나요?

그림을 그리는 일은 탐구에 큰 도움이 돼요. 그림을 그리면서 많은 것을 배울 수 있거든요. 특히 대상을 자세히 관찰하는 능력을 기를 수 있어요. 곤충의 다리 수와 모양, 곤충의 몸과 머리 크기의 비율, 등에 있는 독특한 무늬, 다리의 털 등을 자세히 관찰하고 그림을 그려 보세요. 평소에 몰랐던 것들을 발견할 수 있을 거예요. 그림을 다 그리면 곤충을 무사히 자연으로 돌려보내 주는 것 잊지 마세요!

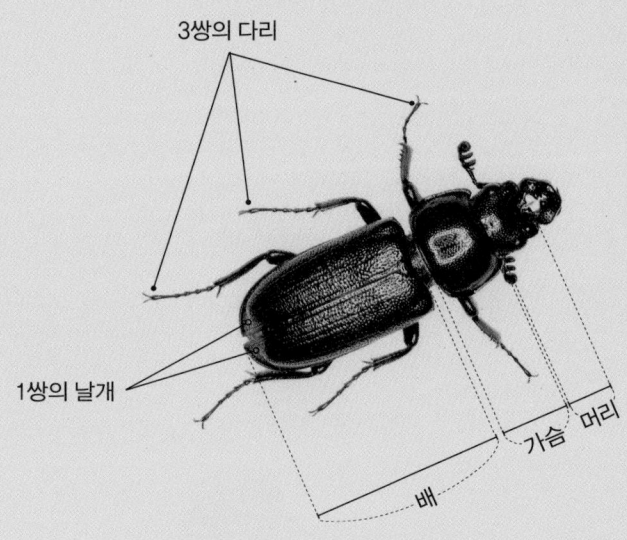

양동이를 뒤집으면 물은 어떻게 될까요?

양동이를 뒤집어도 물이 쏟아지지 않게 하는 방법을 알고 있나요?

적당한 장소
양동이를 흔들고 물을 흘려도 괜찮은 장소

준비물
물이 반쯤 채워진 작은 양동이

탐구 시작!

물을 채운 양동이를 어깨 높이까지 올려 보세요. 반동을 이용해 180도 뒤쪽으로도 올려 보고요. 빠르게 양동이를 움직이면 양동이가 기울어져도 물이 새어 나오지 않아요. 양동이를 한 바퀴 크게 돌려도 물이 떨어지지 않지요. 용감한 친구는 얼마만큼 천천히 양동이를 돌려야 물이 쏟아지는지 시험해 봐도 좋아요.

양동이 안의 물이 쏟아지지 않는 이유는 무엇일까요?

원심력이라는 힘 덕분이에요. 원심력은 원운동을 하는 물체가 원 밖으로 나가고 싶어 하는 힘을 말해요. 친구끼리 두 손을 잡고 빙글빙글 돌아 보세요. 세게 돌면 돌수록 손을 놓고 튕겨져 나갈 것 같은 힘을 받을 거예요. 이렇게 원의 중심에서 멀어지려고 하는 힘이 원심력인데 이 힘은 속도가 빨라질수록 세져요. 그래서 양동이를 빠르게 돌리면 원심력이 세져서 물이 밑으로 떨어지지 않고 양동이 바닥 쪽으로 밀리는 거지요. 하지만 속도가 느려지면 원심력이 약해지면서 바로 물이 쏟아져요.

젖은 빨래를 빨리 말리는 방법을 아나요?

건조기는 쓰지 않고 말이에요.

준비물
걸레 2장, 빨래집게, 플라스틱 통

탐구 시작!
물에 적신 걸레 2장을 밖으로 가지고 나가 빨래 건조대나 빨랫줄, 난간 등에 하나를 널어요. 그리고 다른 하나는 근처에 플라스틱 통을 갖다 놓고 안에 집어넣어요. 뚜껑은 닫지 말고요. 몇 시간 뒤에 두 걸레를 비교해 보세요. 어떤 걸레가 잘 말랐나요?

왜 널어놓은 걸레만 말랐을까요?
널어놓은 걸레가 잘 말랐어요. 햇빛도 빨래를 잘 마르게 하지만 무엇보다 바람이 중요해요. 바람은 공기 중의 수분을 날려 보내거든요. 헤어드라이어에서 나오는 더운 바람이 머리카락을 말리는 것처럼요.

통에 넣은 걸레의 경우 젖은 걸레에서 빠져나온 수분으로 습도가 높아진 상태에서 통 밖으로 그 수분이 잘 빠져나오지 못해서 계속 젖어 있는 거예요.

나무들이 물을 마시는 소리가 들린다고요?

내년 봄에는 정말로 놀랄 거예요!

적당한 날
어느 봄날

적당한 장소
큰 나무가 있는 곳

준비물
가능하다면 청진기(의사 선생님이 진찰할 때 환자의 가슴에 대고 소리를 듣는 도구)

탐구 시작!

밤에는 기온이 영하로 내려가고, 낮에는 영상으로 올라가는 초봄 무렵이면 나무 속 물의 흐름은 굉장히 빠르고 강해요. 나뭇잎이 자라도록 뿌리는 많은 물을 빨아들여 곳곳에 보내야 하거든요. 운이 좋은 날에는 나무둥치에 귀를 대고 있으면 물이 흐르는 소리를 들을 수 있어요. 청진기로 들으면 더 잘 들리지요.

물은 어떻게 아래로부터 위까지 올라갈까요?

물이 나무 꼭대기까지 올라갈 수 있는 것은 액체가 기체 상태로 변하는 증발 작용과 모세관 현상 때문이에요. 먼저 증발 작용은 가지 끝에 달린 나뭇잎, 나뭇잎에서도 작은 공기 구멍들이 많이 나 있는 아랫면에서 잘 일어나는 현상이에요. 물이 공기 중으로 날아가는 거지요. 그러면서 서로 붙어 있기 좋아하는 물 입자들은 꼬리에 꼬리를 물고 다른 물 입자들을 끌어 올린답니다. 그래서 나무 위까지 올라갈 수 있는 거예요. 여기에 모세관 현상도 힘을 보태요. 모세관이란 털처럼 가느다란 관을 말하지요. 다음 그림처럼 물이 담긴 그릇에 모세관을 꽂아 보면 유리관을 따라 물이 올라가는 것을 관찰할 수 있어요. 이처럼 모

세관 같은 통로를 따라 액체가 올라가는 현상을 모세관 현상이라고 해요. 모세관 현상은 물 입자끼리 결합하려는 힘보다 물과 모세관 벽의 입자가 결합하려는 힘이 더 강해서 생기는 현상이에요. 관이 가늘면 가늘수록 같이 끌고 올라가야 할 물 입자 수가 적기 때문에 더 높이 올라갈 수 있지요.

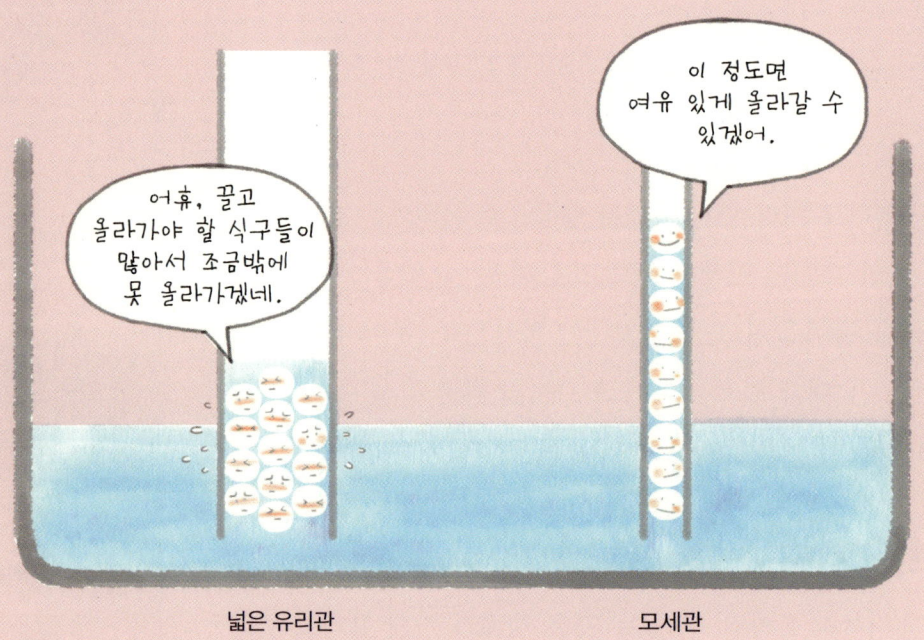

겨울에도 자작나무를 알아볼 수 있을까요?

겨울에는 나뭇잎도 다 떨어지고, 꽃도 피지 않고 열매도 달리지 않잖아요. 그런데도 어떤 나무인지 알아볼 수 있을까요?

적당한 장소
여러 종류의 나무들이 많이 있는 곳

준비물
종이, 크레파스

거친가요, 매끈한가요?

손으로 나무를 만져 보세요. 나무껍질마다 다른 질감과 생김새가 느껴질 거예요. 눈을 감고 만져 보면 더 생생하게 느낄 수 있지요. 놀이를 해 볼 수도 있어요. 먼저 눈을 감고 한 나무의 몸통을 만져 보세요. 눈을 뜬 다음 만져 보았던 나무와 같은 나무를 한번 찾아 보세요. 개성이 강한 몇몇 나무는 눈으로만 봐도 알아채기 쉬울 거예요. 검고 하얀 색이 대조를 이루는 자작나무 무늬, 너도밤나무의 매끈한 은색 줄기는 확인하기 쉬워요. 밤나무, 단풍나무, 떡갈나무도 구별하기 어렵지 않을 거예요.

탐구 시작!

종이 몇 장과 크레파스를 가지고 밖으로 나가요. 그리고 종이를 나무 몸통에 대고 크레파스로 그 위를 쓱쓱 문질러요. 그러면 종이에 나무껍질 무늬가 나타날 거예요. 무늬가 저마다 다르지요? 매끈한 것부터 거친 순서로 배열해 보세요.

기름과 물은 왜 서로 친하지 않을까요?

기름을 묻힌 손을 물에 넣었다 빼면 물이 묻지 않고 피부 위로 흘러내려요. 왜 그럴까요?

준비물
커다란 유리컵, 잉크, 물, 식용유

탐구 시작!

유리컵에 물을 절반쯤 채운 다음 기름을 천천히 부어요. 그러면 기름이 물 위에 둥둥 뜨는 것을 볼 수 있을 거예요. 이 기름 층에 잉크를 몇 방울 떨어뜨려 보세요. 어때요? 신기하지요? 작은 쇠구슬처럼 기름 층을 통과한 잉크 방울들이 물에 닿자마자 풀어지는 모습을 좀 보세요.

기름과 물속에서 잉크의 모습은 왜 이렇게 다를까요?

잉크와 물은 서로 친해서 잘 섞여요. 하지만 기름과는 섞이지 않지요. 그래서 손에 기름을 묻히면 물이 그냥 방울져 흘러내리는 거예요. 그래서 잉크가 기름 층을 통과할 때는 섞이지 않고 방울방울 내려오다가 물을 만나면 섞여서 풀어지는 거지요.

기름은 왜 물 위에 뜰까요?

기름이 물보다 가볍기 때문이에요. 같은 양의 물과 기름을 비교해 보면 기름이 더 가벼워요. 왜 그런지는 다음 쪽에서 알아볼 거예요.

어떤 것들이 물에 둥둥 뜰까요?

물에서 헤엄치듯 둥둥 떠 있는 물체들을 보세요. 왜 이렇게 둥둥 뜨는 걸까요?

준비물
모래, 작은 돌들, 컵 2개, 저울

무게는 무엇과 상관이 있나요?

무게는 밀도와 관계가 있어요. 밀도란 빼빼하게 들어선 정도를 말하는데 어떤 물체를 구성하는 작은 입자가 서로 촘촘히 붙어 있으면 밀도가 높은 물체라고 해요. 세상 모든 물질이나 물체들은 작은 입자로 이루어져 있는데, 같은 크기의 물체라고 해도 밀도가 높지 않아서 가벼운 것들이 있어요. 그런 것들은 입자들이 빼빼하지 않고 입자들 사이마다 빈 공간이 있는 것이랍니다.

여러 가지 물질들의 밀도

물의 밀도를 1이라고 보았을 때 물보다 밀도가 낮은 것들은 물에 잘 떠요. 물론 물체의 면적이나 두께 등에 따라 달라지겠지만요.

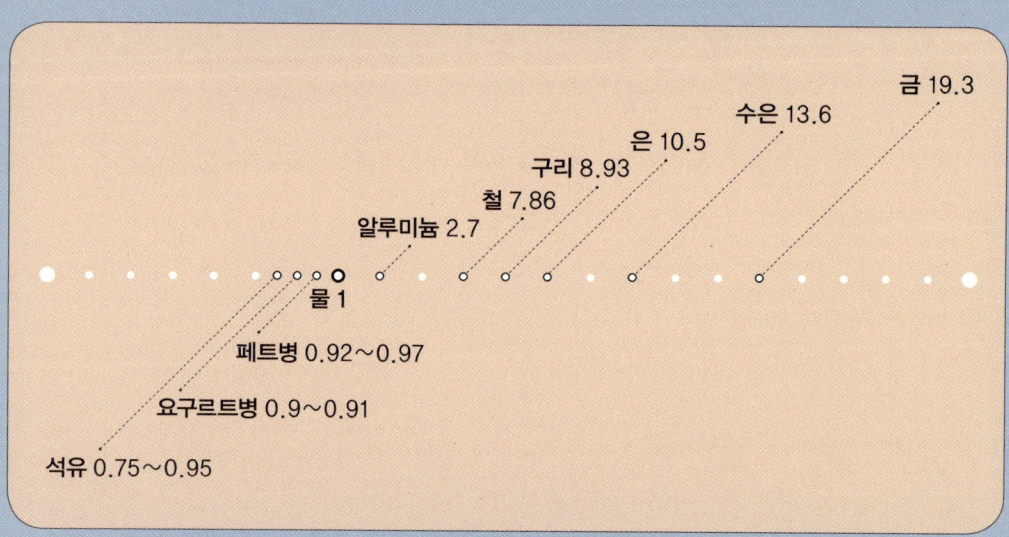

〈물질의 밀도 비교〉

탐구 시작!

한 컵은 모래로, 다른 컵은 작은 돌로 똑같이 채워 보세요. 두 컵의 무게가 다른 것이 느껴질 거예요. 잘 모르겠으면 저울에 무게를 달아 보세요. 모래와 돌이 똑같은 높이로 차 있는데도 모래 쪽이 더 무거워요. 모래는 알갱이들 사이에 틈이 별로 없고, 돌은 사이사이의 빈 공간이 많기 때문이에요. 밀도는 바로 그런 거예요.

물속에 있는 것은 왜 더 커 보일까요?

바닷속에서 무척 커 보이는 조개를 꺼냈는데 막상 보니 생각보다 작다고 느낀 적 있나요?

준비물
물을 채운 욕조와 물에 가라앉는 물건들

탐구 시작!

목욕을 마친 뒤 물이 가득 찬 욕조에 무거운 물건들을 넣어 보세요. 물에 가라앉은 물건들이 어떻게 보이나요? 생각보다 무척 커 보인다고요? 이제 그것들을 다시 꺼내 실제 크기를 확인해 보세요.

물과 공기는 무엇이 다를까요?

빛은 전달하는 물질이 무엇인가에 따라서 통과 속도가 달라져요. 공기 중에서 직선으로 뻗어 나가던 빛이 물을 만나면 속도가 느려지면서 방향이 꺾이는데 이것을 굴절이라고 하지요. 굴절이 일어나면 욕조 속의 물건이나 바닷속의 조개는 가까이에 있는 것처럼 커 보여요. 우리의 눈은 공기 중에서 보는 데 익숙해져 있기 때문에 물속과 물 밖을 넘나들며 보는 것이 낯설지요. 그러나 왜가리나 물총새처럼 물속과 밖을 넘나드는 동물들은 빛의 굴절에 익숙해서 물고기를 잡을 때 거리와 크기를 정확하게 가늠할 수 있어요.

자 없이 물건의 길이를 정확하게 잴 수 있나요?

옛날에는 미터라는 단위가 없었어요. 그래서 물건의 길이를 손끝에서 팔꿈치까지의 길이나 발의 길이로 측정했지요. 그 방법이 정확했을까요?

준비물
여러분 자신

미터를 쓰는 이유는 무엇일까요?

미터는 서양의 단위예요. 미터를 사용하기 시작한 이유를 알려면 서양의 역사에 대해 조금 알아야 해요. 옛날 서양의 왕들은 자신의 신체 치수를 길이의 단위로 삼았어요. 그래서 다른 나라 사람들끼리 거래를 해야 할 일이 생기면 어느 나라 왕의 신체 치수를 기준으로 할 것인지, 어느 부위를 기준으로 할 것인지를 놓고 다투었지요. 물건을 파는 상인들은 작은 단위를 사용하려고 했고, 사는 손님들은 큰 단위를 사용하기를 바랐거든요. 나중에 미터법으로 단위를 통일하면서 이런 싸움도 끝이 났답니다. 미터법이란 길이와 너비 등은 미터(m)를, 부피는 리터(L)를, 무게는 킬로그램(kg)을 기본 단위로 사용하도록 정한 법이에요.

미터라는 단위는 어떻게 정해졌나요?

200년도 더 전의 일이에요. 당시 최고의 측정 기술을 자랑하던 프랑스의 과학 연구소에서는 북극에서 적도까지 길이의 1,000만분의 1을 새로운 단위로 정하기로 했어요. 그리고 학자 두 사람을 보내 북극에서 적도까지의 길이를 측정했지요. 8년간의 작업 끝에 정확히 1미터라는 단위가 탄생했답니다.

탐구 시작!

자를 사용하지 않고 쓰러진 나무의 키나 여러분의 방 한쪽 면의 길이, 부모님의 키를 측정해 보세요. 여러분의 신체를 이용해서요. 옛날 서양에서는 길이를 잴 때 가운뎃손가락 끝부터 팔꿈치까지의 길이를 많이 이용했대요. 엄지손가락과 집게손가락을 쫙 편 손의 길이인 뼘으로 재도 되고요. 어떤 부위로 길이를 재는 것이 가장 좋을까요?

3장 무엇을 탐구할 수 있을까요?

우리는 세상 모든 것을 탐구할 수 있어요.
호기심이 생기는 것이라면 무엇이든 탐구할 만한 가치가 있답니다.
혹시 탐구할 거리를 찾는 게 어렵다고 생각하는 친구들을 위해
여러 가지 탐구할 거리를 소개할게요. 약간 엉뚱한 것들도 있답니다.
무엇보다 탐구해 보고 싶다는 마음을 갖는 것이 중요해요.

탐구를 하기 시작하면 점점 더 흥미로운 것들이 나타날 거예요. 여러 가지 탐구 아이디어를 소개해 볼게요. 하나하나 탐구해 보고 다 마친 탐구에는 표시해 두세요.

풀 만들어 보기. ☒	종이로 컵을 만들어 주스 마셔 보기. ☐	쓰레기를 활용해 무엇인가 만들어 보기. ☐
고장 난 것을 고쳐 보기. ☐	모르는 것에 이름 지어 주기. ☐	이웃에게 어떤 점이 좋아서 이곳으로 이사 오게 되었는지 여쭤 보기. ☐
한 번도 먹어 보지 못한 야채나 과일을 먹고 맛이 어떤지 표현해 보기. ☐	손을 이용해 평소에 해 보지 않은 동작을 15분 동안 해 보기. ☐	우리의 생활을 더 편리하게 만들어 줄 새로운 기기에 대해 생각해 보기. ☐
눈을 감고 집 안팎을 더듬으며 다녀 보기. ☐	풍선을 사용해서 부모님을 웃겨 보기. ☐	물에 가지각색의 수채화 물감을 타서 색을 관찰하고 한꺼번에 섞어 보기. ☐

숲에 작은 오두막을 지어 보기. ☐	5분 동안에 들리는 모든 소리를 적어 보기. ☐	3가지 다른 방법으로 감자 껍질을 벗겨 보기. ☐
나만의 샐러드드레싱을 만들어 보기. ☐	세숫대야를 가장 깨끗하게 씻는 방법 생각해 보기. ☐	독특하게 생긴 다섯 사람의 허락을 받아 얼굴을 사진기로 찍어 보기. ☐
밤하늘의 별을 사진기로 찍어 보기. ☐	여러 가지 방법으로 시냇물을 막아 보기. ☐	요리 책을 보지 않고 알고 있는 요리해 보기. ☐
평소에 타고 다니는 자전거를 보지 않고 그려 보기. ☐	꿈속 장면을 그려 보기. ☐	좋아하는 냄새와 싫어하는 냄새를 5가지씩 적어 보기. ☐

평균대 위에서 균형을 잡을 때
팔을 어떻게 흔드는지 확인하기.

☐

신문을 길게 오려
선풍기 보호망에 붙이고 틀어 보기.

☐

취미로 수집하는 물건들을
방에 펼쳐 놓고 전시하기.

☐

각기 다른 3가지 종류의 씨를 심고
싹이 나오는 모양이나 빠르기 등을 관찰해 보기.

☐

물구나무서서 세상을
몇 분 동안 거꾸로 관찰해 보기.

☐

10분 동안 아무 생각도 하지 말기.

☐

숨을 참고 얼마나 오래 견딜 수 있는지
측정해 보고, 3번 연속으로 하면 결과가
더 좋아지는지 나빠지는지를 확인해 보기.

☐

자신이 좋아하는 장소를 이야기하고
왜 마음에 드는지 적어 보기.

☐

일주일 동안 매일 같은 곳에서 하늘 사진을 찍어 보기. ☐	지금 침대 밑에 무엇이 들어 있을지 생각한 다음 확인해 보기. ☐
10분 동안 집 밖에 서서 무슨 일이 일어나는지 관찰해 보기. ☐	해바라기 씨 3개를 3가지 종류의 흙에 심고 자라는 모습을 관찰해 보기. ☐
오늘은 어떤 색에 비유하고 싶은 날인지 생각해 보기. ☐	부모님께 발명되었으면 하는 물건이 있는지 여쭤 보기. ☐
정원에 있는 향기 좋은 풀과 꽃으로 향수 만들어 보기. ☐	나만의 비밀 단어 10가지 만들어 보기. ☐

3가지 과일을 잘라 단면을 그려 보기. ☐	코를 막은 채 음식을 먹으면서 어떤 맛이 나는지 느껴 보기. ☐	자신의 몸을 간질여 보기. ☐
동그란 물건을 10가지 찾아보기. ☐	달콤한 맛이 나는 음식과 쓴맛이 나는 음식을 동시에 먹어 보기. ☐	작은 돌이나 나무, 쓰레기통 등을 이용해서 장애물 경주로를 만들고 맨발로 달려 보기. ☐
어떤 농담에 웃음이 나는지 생각해 보고 재미있는 농담을 연구해 보기. ☐	무지개를 찾아보기. ☐	평소 머리를 두고 자는 쪽에 발을 두고 자 보기. ☐
거리나 벽에 비치는 자신의 그림자를 사진으로 찍어 보기. ☐	자연에서 10가지 종류의 다양한 초록색을 찾아보기. ☐	15분 동안 뒤로 걸어 보기. ☐

👉 기발하게 생각하기

탐구하는 사람들은 엉뚱한 생각을 해도 괜찮아요. 129쪽에서 별을 위에서 내려다볼 수 있을까? 하고 궁금해했던 것처럼 말이에요. 그러다 보면 새로운 생각도 나오거든요. 그렇지만 너무 엉뚱한 생각은 다른 사람들이 금방 이해하지 못한다는 것을 알아 두세요. 고개를 갸우뚱하거나 심지어는 비웃을지도 몰라요. 좋은 탐구자가 되려면, 다음 2가지를 명심해야 해요. 첫째, 누가 뭐라고 해도 여러분의 기발한 생각에 대해 자신감을 잃지 말 것. 둘째, 다른 친구들의 엉뚱한 생각을 절대로 비웃지 말 것.

👉 모으기

모을 수 있는 것은 굉장히 많아요. 이미 무언가를 모으고 있는 친구들도 있을 거예요. 깃털이나 병뚜껑, 돌이나 꽃, 나뭇잎이나 죽은 곤충 등 말이에요. 아마 모아 본 사람은 모으면 모을수록 더 재미있다는 사실을 알겠지요. 이렇게 모은 것들은 한 장소에 보관하면 좋아요. 진열장 같은 곳에 보관하면 박물관을 돌아보는 것처럼 한눈에 볼 수 있거든요.

☞ 협동하기

백지장도 맞들면 낫다는 말 들어 본 적 있지요? 여러 사람의 손이 모이면 어려운 일도 쉽게 할 수 있어요. 나무 위에 집을 짓는 일이든 시냇물을 막는 일이든 원래 사람은 저마다 잘하는 것이 다르잖아요. 셈을 잘하는 친구와 그림을 잘 그리는 친구와 손재주가 좋은 친구들이 뭉쳤다고 생각해 보세요. 혼자 할 때보다 어려운 과제를 더 잘 헤낼 수 있겠지요?

☞ 조사하기

조사란 어떤 것을 알기 위해 자세히 살피거나 찾아보는 거예요. 머릿속에 왜 그럴까 하는 질문을 담고서 말이에요. 조사를 돕는 도구들이 있어요. 돋보기, 망원경, 종이, 연필, 휴대용 줄자, 저울, 뚜껑 달린 유리병, 초시계 등의 도구들이에요. 돋보기나 망원경으로 보면 맨눈으로 보는 것보다 더 많이 볼 수 있고 연필과 종이로는 관찰한 것을 그리거나 적을 수 있지요. 자나 초시계, 저울은 길이나 시간, 무게를 잴 때 필요하고요.

👉 비교하기

무늬가 다른 두 개의 깃털을 살펴보세요. 같은 점은 무엇이고, 다른 점은 무엇인가요? 이렇게 둘 이상의 사물을 견주어 비슷한 점, 차이점을 알아보는 것이 바로 비교하는 거예요. 비교는 같은 종류끼리 할 수 있어요. 깃털은 깃털끼리, 새알은 새알끼리 비교해야 하지요. 17쪽의 "왜 겨울에는 햇살이 비쳐도 추울까요?"라는 질문을 연구하기 위해서는 각도를 다르게 기대어 놓은 팬을 가지고 온도를 두 번 재어야 해요. 그리고 두 온도를 비교해 봐야 하지요. 탐구를 할 때 비교는 아주 중요해요. 내가 한 생각이 정말로 맞는지를 확인할 수 있기 때문이지요.

👉 의심하기

누군가 지구에 해가 지지 않는 나라가 있다고 한다면 믿을 수 있나요? 북극이나 남극 같은 극지방에 대해 들어 보았다면 끄덕일지도 몰라요. 하지만 그렇지 않다면 믿기 힘들 거예요. 알지 못하는 것은 상상하기 어렵고, 그렇기 때문에 의심하기 쉬워요. 이런 사실이나 정보에 대해 의심을 하는 것은 나쁘지 않아요. 의심은 탐구의 원동력이 되거든요. 스스로 그 일을 알아보고 확인하게 하니까요. 탐구는 그렇게 시작하는 거랍니다!

세상의 비밀을 밝히는 365일 탐구 생활

초판 1쇄 발행 2013년 10월 15일
초판 2쇄 발행 2015년 1월 2일

글쓴이 리자 리너만
꾸민이 앙케 M. 라이츠겐
옮긴이 유영미
감　수 김정식
펴낸이 한혁수

기획·편집 정은혜, 김채은
디자인 이이환
마케팅 김남원, 최혜정, 남소라
제작관리 김남원

펴낸곳 도서출판 다림
등　록 1997. 8. 1. 제1-2209호
주　소 150-038 서울시 영등포구 영신로 220 KnK디지털타워 1102호
전　화 (02) 538-2913　팩　스 (02) 563-7739
다림 카페 cafe.naver.com/darimbooks
전자 우편 darimbooks@hanmail.net

ISBN 978-89-6177-077-4 74400
　　　978-89-6177-045-3 (세트)